名·师·教·育·坊

思维的价值

—— 一个四十年从教者的教育手记

蒲儒刿 著

四川大学出版社
SICHUAN UNIVERSITY PRESS

图书在版编目（CIP）数据

思维的价值：一个四十年从教者的教育手记 / 蒲儒
剡著 . -- 成都：四川大学出版社，2024.10
（名师教育坊）
ISBN 978-7-5690-6034-8

Ⅰ．①思… Ⅱ．①蒲… Ⅲ．①语文教学－教学研究－
文集 Ⅳ．① H19-53

中国国家版本馆 CIP 数据核字（2023）第 038663 号

书　　名：思维的价值——一个四十年从教者的教育手记
　　　　　Siwei de Jiazhi——Yi Ge Sishi Nian Congjiaozhe de Jiaoyu Shouji
著　　者：蒲儒剡
丛 书 名：名师教育坊

丛书策划：梁　平　唐　飞
选题策划：杨　果　梁　平
责任编辑：陈克坚
责任校对：杨　果
装帧设计：裴菊红
责任印制：李金兰

出版发行：四川大学出版社有限责任公司
　　　　　地址：成都市一环路南一段 24 号（610065）
　　　　　电话：（028）85408311（发行部）、85400276（总编室）
　　　　　电子邮箱：scupress@vip.163.com
　　　　　网址：https://press.scu.edu.cn
印前制作：四川胜翔数码印务设计有限公司
印刷装订：成都金龙印务有限责任公司

成品尺寸：170 mm×240 mm
印　　张：13.25
字　　数：263 千字

版　　次：2024 年 10 月 第 1 版
印　　次：2024 年 10 月 第 1 次印刷
定　　价：68.50 元

扫码获取数字资源

四川大学出版社
微信公众号

序①

　　思路决定出路，思维关乎成败。优良的思维方式既是实现个人主体性的关键，也是一个民族兴旺发达的智慧源泉。要想从根本上摆脱社会事业发展面临的思维困局，需要众多教育者从基础教育做起，通过持久而艰辛的努力，把青少年的思维潜能、心智资源开发出来。

　　蒲儒刿先生潜心研究撰写的专著《思维的价值——一个四十年从教者的教育手记》，将立德树人的重任具体化为对学生思维方式和健全人格的培养，重点揭示了形象思维和抽象思维及二者融合开发的价值、内涵和方法，其中不乏极富启迪意义的真知灼见。

　　为了营造思维训练的场景，蒲先生奉行"教育即生活"的理念。这里语文教育已经不再是单纯的语文知识传授和学习，而是成为师生充分发挥想象力和思辨力的重要活动，语文课堂也相应成为其享受美感和完善人格的生活空间。为了达成较好的思维训练效果，蒲先生探索出了独具特色的"思路教学法"，认为阅读就是追踪作者思路的活动，而写作则是将自己的思路按一定规则展示给读者的过程。该教学法贯彻了发散思维和聚合思维融合开发的理路，有助于培养学生的创造性思维能力。同时，该教学法还强调读者心理与作者思路的沟通，因而具有明显的移情共鸣的人文色彩。

　　在内容上，该书探究重点之一是语文教育中的想象力及其开发。蒲先生将想象力看作脱离现场或不出场的东西，主要表现为对过去的回忆和对未来的憧憬，本质上是一种超越现实的审美能力。在这里蒲先生已触及想象力产生的本源。人总是视自由、平等、公正、和谐、良善等为美丽之物而不懈追求，当现实中这些价值受到限制不能实现时，人们常常就会进入想象之野，思接千载而视通万里。蒲先生深感阅读诗歌能够培养人的想象力，建立并扩大个体的"精神空间"，从而把事业上走投无路的人拯救出来，给予其生活

　　① 本序作者刘顺鸿，云南大学国际关系学系硕士，西南财经大学经济学博士；四川师范大学马克思主义学院副教授、思想政治教育专业硕士研究生导师。

勇气和人生快乐。同时，蒲先生还构建了景、情相结合的诗歌鉴赏模型，并深信通过丰富的诗歌鉴赏和写作实践，人人皆可成为"腹有诗书气自华"的快乐诗人。

蒲先生将语文教育中的想象力开发划分为三种基本类型：一是再造性想象力开发，即引导学生对别人想象的物化成果进行再想象。语文老师调动自己和学生的知识积累，通过对话将文本符号与生活、情感联系起来，最终实现由符号到形象的还原和再创造。二是创造性想象力开发，即引导学生对所积累的表象进行加工和改造，从而创造出新形象。蒲先生认为创造性想象力的开发，说到底就是要教会学生对已有表象进行分解和综合。三是超现实性想象力开发，即引导学生把看似没有必然事理联系的若干表象关联起来，进行分解与综合，创造出不具现实存在性的新表象。

蒲先生还提出了语文教育中想象力开发的原则，包括想象力与思辨力、情感协同开发原则，不同年龄段梯度开发原则，文学、艺术、科学互动化原则等。此外，蒲先生还比较详细地探讨了语文教育中想象力开发的具体方法，例如表象积累法、思辨导引法、兴趣与惊异开启法、情感推动法、生理和环境优化法等。

该书重点探究之二是语文教育中的思辨力及其开发。蒲先生将思辨力看作以逻辑思辨、哲学思辨等为特征的思维能力，其基本表现形式是概念、判断和推理。他认为人除依赖于世俗的现实世界以及由想象力建构的自我世界之外，还需要一个由思辨力建构的理性世界。其中，逻辑思辨保证人的思维路向明晰缜密和交流顺畅，通过给世界一个自认为合理的解释，破解生存与发展难题；哲学思辨则满足人对意义与价值的追求，给活着一个理由。蒲先生提出，议论文阅读和写作课要以培养学生思辨力为主要任务，即以概念为原点，着力于概念清晰、判断准确、推断合理，从低阶到高阶形成序列，从而实现提升学生思维品质的深刻性和批判性的目标。

仔细品读全书，可以发现三个突出的特点：

一是特别强调语文教育中想象力开发和思辨力开发的相互融合。在全书中搜索关键词"融合"，竟有 80 处之多。首先，二者融合是由人的认识规律决定的，人对事物本质的认识总要经过从感性到理性，再从理性到感性，不断反复的过程。其次，强调融合也是合乎人性的，因为人是感性和理性的生物统一体。再次，二者融合也是当今培养全面发展的人和创新型人才的需要。另外，思辨决定着想象的方向，并对想象进行必要的规制，少了思辨的介入，想象就会漫无边际地"跑野马"，可能造成心理人格偏差。蒲先生花了较大篇幅就如何实现二者融合提出了一系列教学途径和方法，包括文体教学、课型教学、教育资源利用、年龄或学段教学等，极富指导意义。

二是强调语文教育中思维训练始终以培养学生健全人格为宗旨。在蒲先生看来，语文思维训练不应单纯以学生考试取得高分为出发点和落脚点，而应以培育健全人格为宗旨。这里的健全人格是指心理人格、道德人格和审美人格相统一的全面发展的人格。要做到这一点，就要联合开发想象力和思辨力，使学生的情感和理智相反相成，成为心理健全的人。开发想象力，使学生在同理心的作用下逐步养成善良、仁爱、刚毅等美德，进而成为有道德的人；同时也使学生更能欣赏到文学作品的画意性和音乐性之美，进而成为有审美品质和能力的人。开发思辨力，则使学生在理性判断中更好地解释世界，把握规律性，不断追求真理，成为有智慧的人。蒲先生进一步阐明，在语文学习中重视阅读儒道元典的目的，说到底就是要获得孔孟和老庄既相对立又相补充的思维方式，形成"君子与真人"兼容互补的理想人格。

三是强调语文教育思维开发始终坚持理论与实践相结合。实践出真知。蒲先生对语文教育中思维训练的作用及其地位的理解，对思维训练从概念、观点到方法的认知，是他四十年语文思维教育实践的经验总结，也反映了他长期从事语文思维教育的心路历程。蒲先生年幼时酷爱文学作品并品尝到了纯正文学对于失意人生的滋养和慰藉。工作后放手让学生去"想""找感觉"，把想象、思辨、理解和积淀当作大事，从而跨出了语文思维教育的第一步。2000 年后蒲先生着力于在文学教育中开发想象力和思辨力，全面展开思维教育并不断深化，探索出想象力和思辨力以及二者融合的开发原则和方法。同时，蒲先生开始追问语文思维教育与人的发展之间的关系，明确了语文思维教育的宗旨就是健全人格教育，将语文思维教育纳入人学和人的现代化角度来考察，而使之有了更为广阔的视野。进而蒲先生从该角度和视野出发研读儒道元典，提出了培养"君子和真人"兼容互补的完美人格的观点。

需要说明的是，蒲先生的语文思维教育实践并不是盲目的，而是在科学理论的指导下完成的。正如蒲先生所说："我向各路智者求解。读张世英的《哲学导论》、朱光潜的《诗论》、龙协涛的《文学阅读学》、傅修延的《文本学》、金开诚的《文艺心理学概论》、贺志朴的《艺术教育学》、吕景云的《艺术心理学新论》、吴格明的《逻辑思维与语文教育》等。"① 蒲先生坚持理论与实践相结合，从而保证了语文思维教育从内容到方法的科学性和可靠性，也使这些内

---

① 见本书"第四章思想才是力量"，"第一节学生的启发"。

容和方法在实践中具有现实操作性和有效性。

可以说，蒲儒列先生的专著《思维的价值——一个四十年从教者的教育手记》，不仅为当今语文教育改革创新明确了着力点、注入了新内容，更为重要的是在汉语语言文字的表达、交流和传播过程中，为中国人思维方式的优化和人的现代化型塑等方面做了扎实的基础性工作，从而起到了良好的示范和开创性作用。

是为序。

刘顺鸿

2024 年 7 月 20 日

过一种诗思交融的语文教育生活

（代自序）

语文教育中诗与思的融合，正如盐溶于水。

诗，不仅指以诗歌为代表的文学作品，更是指生动的、形象的、直感的语言表达——它以审美直觉为特征；从思维上说，它是以表象、联想、想象等为基本形式的形象思维活动。思，指以论说类文章为表征的理性思辨文本，它是直白的、抽象的、逻辑的——以理性分析为特征；从思维上说，它是以概念、判断、推理为基本形式的抽象思维活动。

语文学科所涉固然包罗万象，但可简而言之，谓之"诗"与"思"的融合，这正如古印度《奥义书》中盐溶于水的故事：一勺盐溶于水后，盐虽然消失了，但舀起的一滴、一勺，乃至一杯水都是咸的；与之相关，语文教育中阅读、写作、聆听、演说等各项活动，以及语言的不同层级——词句、段落、篇章，一般而言，都可谓是二者的融合。故而，执此"诗"与"思"两端，便可叩开语文教育的门扉，进而洞悉其堂奥。

幼时的叙事文学阅读、唐宋诗词启蒙和偶遇鲁迅单行本，算是我诗思融合的语文教育生活之发端。20 世纪 70 年代是精神食粮极度匮乏时期，我如饥似渴地阅读当时仅有的作品，包括手绘图书《钢铁是怎样炼成的》《红灯记》《智取威虎山》，小说《艳阳天》《红旗飘飘》《林海雪原》，以及时代主流诗人贺敬之、郭小川等人的"高大上"诗作等。直到 1979 年，16 岁余的我高中毕业进入阆中师范学校，在升学失意的苦闷中，宁可经月不理发积攒零钞，买来中国少年儿童出版社出版的《唐宋诗选讲》和《魏晋南北朝诗歌》并疯狂阅读，才真正尝到了纯文学作品的味道，以至于一口气背诵 200 多首，成为我菲薄的文学"功底"，在这些诗歌中，我品尝到了纯正文学之于失意人生的滋养和慰藉。此前，我曾在就读的中学所处老观镇新华书店，购得鲁迅系列单行本《野草》《呐喊》《彷徨》《且介亭》等，一经到手，我就迫不及待地细读起来，"人必生活着，爱才有所附丽"①，"我告诉你们，是这个——世界上最强壮有力的人，就是那孤立的人"② 等话语带我走出人生低谷，其思想的伟力深深地撞击了我。之后多年，对曹雪芹的《红楼梦》、杰克·伦敦的《马丁·伊敦》、罗曼·罗兰的《约翰·克利斯朵夫》、刘再复的《性格组合论》、李泽厚的《美学三书》、尼采的《偶像的黄昏》和《查拉图斯特拉如是说》等大量中西方文学、美学、哲学、思维学、艺术学、心理学、语言学著作和期刊、报纸的阅读，则是对我寒碜的 10 余年学校教育以及学养严重"贫血"的补救。

20 世纪 80 年代初，刚入教职的我，带着自己的切身阅读体验教语文：阅读教学课从不照本宣科，放手让学生去"想"，去"找感觉"，把当时流行的条分缕析、概括并记忆段落大意和中心思想的教法弃置一旁，而把想象、思考、理解和积淀当作语文教学的大事；作文教学课不拘一格，鼓励写随笔、去创作，而不刻意大讲特讲所谓的"写作方法"。大概在 2000 年前的 10 多年中，我的语文教学都处在这种"自发"状态。包括吉林大学哲学博士张朝阳在内的一些我的早年学生，之所以与我一直保持着联系，恐怕与当年我这种教法给他们留下了记忆有关。

2000 年后的我，则走上了自觉自为的语文教育之路——着力在文学作品教学中开发想象力和思辨力，探究语文课堂的生活化、艺术化、活动化和游戏化，让语文课堂首先成为审美享受之所，同时成为生成思想、辨析思想之所，成为润泽人生、增益智慧之所。

至今记得，当我一口气读完《梦游天姥吟留别》时，学生如梦初醒、长长舒气；与学生一起欣赏《再别康桥》，课后学生在楼道上行走，脚下有了"轻轻的""悄悄的"节奏和韵律；欣赏古筝曲《梁祝》和庞龙的《两只蝴蝶》后，学生露出对《孔雀东南飞》悲剧基调瞬间了悟的神色；更有《荷塘月色》教学时，我们"脑绘"图景，将文章第四段以工笔画形式描述出来，第五、六段则化作了写意画、大写意画……在小说和剧本教学时，也屡屡尝试寻求画意和美感，比如阅读阿城的小说《峡谷》，我与学生一起醉心于其油画般的美景；而教学《窦娥冤》，也一样是在想象的画面里，对"血溅白练""六月飞雪""亢旱三年"进行解读，使学生感受到浪漫色彩下的切骨之悲。

与此同时，那些融于其间的闪亮思想，也在教学时像闪电一样直达学生内心深处，激发会意，催使其成长。女生在"士之耽兮，犹可说也，女之耽兮，

---

① 转引自鲁迅著：《鲁迅全集（第二卷）》，人民文学出版社 2005 年版，第 124 页。
② 转引自鲁迅著：《鲁迅全集（第一卷）》，人民文学出版社 2005 年版，第 349 页。

不可说也"的诗句里，感受到自持的重要；学生在对"两情若是久长时，又岂在朝朝暮暮"的品读中，明了面临学业与情感两难命题时何以智慧抉择；在《短歌行》与《归园田居》的比较鉴赏中，感悟勇于进击的志士和退守田园的隐者，都是真实合理的人生之选，并无对错之别、高下之分。

令我最为自豪的是，一届一届学生领悟"老蒲"语文课"谈爱情，不谈恋爱"口头禅里的人生智慧，真正做到了在校期间把握男女相处分寸，互生好感却不卿卿我我谈恋爱；上大学成年后，同学间修成正果不在少数，从高 2004 届到高 2010 届，同学成为伉俪，在婚礼上邀我作证婚人的，多达近 10 对。语文课堂成为情感传递的主阵地：高 2004 届赵同学，在师生进入韩愈《祭十二郎文》一波又一波哭诉的情感潮汐时，不由自主地暗自啜泣；高 2007 届张同学，当我用亲身见闻的母女泣别故事来解读《花未眠》"美是邂逅所得，亲近所得"时，当场落泪。高 2016 届的一位何姓女孩子，妈妈意外过世，葬礼后一月左右，她木然无语，家人忧其自闭，我则在课余时间耐心陪伴，直到她的一首名为《如果……》的新诗写就，长歌当哭，情绪才慢慢平复，步入正常生活轨道……因此，个人认为，语文课以及相关活动已经远远不是单纯"教学"二字可以涵盖的，当以"语文教育"名之。换句话说，真正的语文课就是语文教育课——要给学生以审美陶冶、心灵滋养和智慧化育。

当然，我并不排斥对语文学习的策略、路径和技巧的探究。我的省级资助子课题"诗歌教学模式研究"获得市级一等奖，所建构的"宏观、中观、微观"三级模式一直应用于实际的鉴赏活动，成效可见。我编制的"诗歌鉴赏核心术语图"，载入《语文·路标》一书，廓清了诗歌鉴赏中术语混乱局面，惠及语文界同行。不仅如此，我和我的团队开展的诗歌鉴赏研究活动不断向纵深推进。我们区分古体诗与新诗，认为二者同中有异，因此鉴赏时不可笼而统之，宜区别对待，抒情诗与叙事诗有别，鉴赏策略也应相异，各得其宜，才事半功倍。

在散文、小说等文学文体的教学和各类实用文体的阅读教学中，我们探究出简明的、实用的、技术性的教学策略。比如按出现频率和位置筛选内容上的中心词（句）和结构上的关键词（句），又如圈点关键实词和虚词绘制段落和篇章的逻辑结构图。写作时，则围绕命题立意，用核心词和关键词标记行文思路；等等。所有这些都是较为科学、系统的阅读、写作策略和方法，运用后收效甚著。

一个典型的案例是对庄子的《逍遥游》的教学，大家都以为此篇难教，从诗与思融合视角入手，则容易破解这一难题。首先我把它当成以"大鹏"为核心意象的一首诗，围绕该核心的大小有差的若干形象，共同构成一个意象群，其共同特征便是"有所待"。而抒情主人公认为，真正的"逍遥者"是"无所待"的，如此方可谓自由的"圣人""神人""至人"，前者的"诗"与后者的"思"构成由反而正的逻辑关系，"逍遥游者"何以"逍遥"，便自然明了。

语文教育即语文生活。

简单地讲，我的语文教育始于想象力的开发——即审美教育，进而有想象力与思辨力的互动开发——即诗与思融合的思维教育，是对心理人格、道德人格、审美人格的"三重人格"教育，也是心灵、智慧和技术三者融合的教育，它既是师生亦诗亦思的课堂教学，更是师生亦诗亦哲的日常生活。

当下，我的诗思融合的语文教育，正向纵深和横向两个维度继续展开。首先是由今及古，在《论语》《诗经》《老子》《礼记·学记》等传统经典阅读中，开发体现中国人思维方式的思维教育文本资源，按照"领悟原典—梳理思维素材—整合并形成教材—展开实验—测评反馈—开展新一轮修订并再实践"的思路开展工作，我依托省级课题"以《论语》为基点的思维教育研究"编写的《在孔子的屋檐下——〈论语〉思维教育导读》一书已于2021年由四川大学出版社出版，进入学校课堂。其次是中西融通，受语文出版社出版的《外国文化著作选读》启发，我选择西方文学、哲学和艺术等体现西方思维方式的思维文本资源并加以整合，形成教材并据此开展实践活动。这一工作在业已出版的《至美与大道——〈道德经〉〈庄子〉精粹选读》中落地。

我有一个语文教育梦：为中国孩子开设一门叫"儿童哲学"的课程，在孩子的心灵中播撒下爱与智慧的种子。我20余年来诗思融合的语文教育研究实践，以及前述两个维度工作的展开，就是开设这门课程的初步尝试。

有人说：生活里的蒲老师既是诗的，也是思的。

我们一直坚持从课堂走向课程，又从课程回到课堂；从教学走向教育，又从教育回到教学；从教育走向生活，又从生活回到教育。

我将接续而为。

目　录

上　编　工于思

下　编　笃于行

上　编　工于思

第一章　思有路

第一节　僵化的模式

教师板书课文题目后解释题目，介绍作者生平和写作背景—学生记录；教师范读课文，讲解生字词—学生记录；教师逐段串讲，分析课文，概括段落大意—学生记录；教师概括文章中心意思—学生记录；教师总结文章的写作特点或写作手法并板书—学生记录；最后，教师布置作业—学生完成作业。

以上是我对自己从小学到高中阶段师生语文阅读课堂活动印象的简略描述。

如果要再完备一些，就是课后学生还要记忆课文中生字词，背诵课文的段落大意和中心思想。

大家不必惊讶它的刻板与程式化。事实上，这是新中国成立后我国最早一次教学改革的结果。1953 年 5 月，苏联教育专家普希金娜在对北京女六中一堂观摩课"红领巾"评议后提出所谓"红领巾教学法"，一时几乎成了全国上下语文教学的唯一方法。这种教学法的规程是：感知—理解—巩固—运用。后来，我们又引入谢皮耶娃的"文艺作品教学"模式，包括"启发工作、阅读课文、读后谈话、逐段阅读分析、编写段落大意、复习阅读、复述和创造性讲述、结束谈话"八个环节。本来引进这些教学法对于长期以来在我国形成的"教师讲，学生听"的语文教学僵化模式有纠偏之用，但无奈许多学校出现了机械化、公式化的模仿倾向，乃至语文教学被异化为"时代背景介绍—段落划分、段意概括—中心思想分析和总结—写作特点概括或写作方法总结"的固定模式。这一模式特别强调"分析"，即通过对作品艺术形象的分析来阐明作品的思想内容，认为分析是使学生逐步深入领会作品的重要手段。

我们知道，这样的操作模式对于活生生的语文教学，特别是对于文学教育，显然有害而无益。我 1981 年入职教语文，所看到的中小学语文教学课堂，这套模式的影响余波依然存在。

然而，在此类模式下的语文课堂，既无趣味，又缺价值，因此，我试着去探寻一条语文教学的新出路。

1988 年的某一天，我突然发现有比"分析段落""概括段意和中心"等语文教学常规套路更有价值的事情——整理"思路"。于是一鼓作气地梳理出"记叙文思路整理法""议论文思路整理法""说明文思路整理法""散文思路整理法""小说思路整理法"等多种方法，挑灯夜战刻写蜡纸。在阆中市文成中学教高 1990 届的一年多时间里，我动手刻写了二百多张讲稿下发给学生阅读和练习。与此同时，我还惊讶地发现，当时四川省招生办公室主办的报纸《四川招生考试报》上刊载的苍溪中学一位语文老师一篇不足两千字的文章，与我的想法不谋而合。其后我的工作单位三次改变，对"思路教学"的思考却没有中断，直到 2000 年秋季在《语文教学与研究》上发表《"思路教学法"略论》一文，从思路教学法的基本内涵、操作方法、特征、认识论依据等几个方面，较为系统地总结了近十年的探索所得。

我认为，思路是人们思维运动的轨迹。从一定意义上说，语文学科的教学活动就是基本思路训练、思维模型建构的过程。语文教学中的阅读，就是追踪作者思路的活动；而写文章则是将自己的思路按一定规则展示给读者的活动过程。可见，"思路"是语文教学中具有某种"本质色彩"的东西，抓住了"思路"，就抓住了问题的关键。

第二节　思路教学法

作为一种教学法，思路教学法的基本思想是：在听、说、读、写等项语文教学活动中，把厘清思路作为教学中必不可少的、首要的、关键的环节加以解决，在此基础上求得对其他问题的解决。具体地说，在阅读教学中，厘清思路就是要在总体上打通思路、读懂文章，进而使文章的各局部、各细节和各方面得到把握。写作时，首先要认真审题，深入构思，待思路成熟、清晰、贯通之后再表述成文。

找出文章中的关键句（词）、中心句（词），是思路教学法操作上的关键。所谓关键句（词）是指在文中起统领、过渡、照应等结构作用的句子（词），因此又可称为"结构上的关键句（词）"；而所谓中心句（词）则是指对某一个自然段、某几个自然段乃至整篇文章的内容有概括作用的句子（词），又可以称为"内容上的中心句（词）"。这两类句子（词）是文章思路推进和运动的外在语言标志，一般地，只要抓住了这两类句子（词），通过分析、整理，前后联系和贯通，就抓住了文章的骨架、脉络或思路。这两类句子（词）或在段首，或在段末，或单独成段，也有隐于段中的，但往往位置特别而易于识别。需要提及的是，两类句子的功能不是非此即彼地截然分开的，有些关键句（词）同时又有概括内容的作用，是中心句（词），而有些中心句（词）同时又起结构作用，是关键句（词），它们之间存在"兼职"情况。

这种教学法的特征和依据如下：

特征一：它直接联结"听""说""读""写"，是培养语文能力的关键点和根本点。有人说，想得清楚就说得清楚，说得清楚就写得清楚，写不清楚是因为想得不清楚。可见，"想""说""写"三者之中，"想"即"思路"，是基础的、根本的，决定了"说"与"写"，只有通过认真思考，把要说的、要写的在脑子里整理好——"厘清思路"，才能使说出来的或写出来的东西，有条有理，井然有序。语文教学大纲所要求培养的最基本的语文能力——听、说、读、写能力共生于一个"想"字上，即共生于"思维"和"思路"上。

特征二：它是一种便于培养创造性思维能力的教法。创造性思维是思维的高级形式，是发散思维和聚合思维、直觉思维和分析思维的统一和综合。思路教学法整理思路有三个步骤：第一步为通观和总览，较多地用的是直觉感受；第二步，确定中心句（词）、关键句（词），既要分析句子（词）与某一段、某几段以及全局的关系，也要分析它是起结构作用，还是起概括作用，前后贯通，最后整理出思路。第三步，综合，侧重用的是聚合思维。

特征三：它适用面广，操作性强。思路教学法作为一种语文教学法，适用于各类文体的教学。其中，它最适用于议论文和说明文的阅读教学，因为前者讲究观点鲜明，后者要求事物特征明了，中心句（词）、关键句（词）因此而易见。它同时也适用于散文、记叙文、戏剧、小说及诗歌教学。写作教学也是同理，因为在面对写作任务时，首先厘清思路而后才有行文。

特征四：这种教法体现了语文学科的人文色彩，可以说是以人文特色为主的一种教学法。我们注意到，思路教学法始终强调以人和人的思想、心理、思路为出发点，去完成教学任务，形成语文能力，用读者心理去与作者思路连通，形成"同构对应"；在写作时，首先也要有成熟的思想和思路，再外化成文。这正是其以人为本、人文特色的表现。

我们都知道，人对客观事物内在本质的认识过程，是从感性的具体出发，通过分析而达到抽象的规定，再通过综合，由抽象的规定达到理性的具体，是一个"具体—抽象—具体"的否定之否定的过程。所谓"感性的具体"即完整的表象，是客观事物表面的、感官能直接感觉到的具体，思路教学法第一步运用直觉，做的就是这一工作；而用分析思维、发散思维划出并确定关键句（词）、中心句（词），则与"抽象的规定"暗合；"理性的具体"，是在抽象规定的基础上对各种规定性的综合，是对事物内在本质属性的统一反映，对于思路教学来讲，就是运用聚合思维，贯通前后，把抽取出来的若干关键句（词）、中心句（词）连缀起来，形成对文章思路各环节总体的、透彻的把握。总之，思路教学法的做法、步骤符合人类认识的一般规律，具有科学认识论依据，值得我们探究。

至今思之，"思路"真是个好词，思路之"路"，大有来头。我国古代典籍《周礼·地官·遂人》讲农田规划时，把"路"与"道""涂""畛""径"并列起来，认为"路"是最宽阔的，而"道"不如它。原文是这样说的："凡治野，夫间有遂，遂上有径；十夫有沟，沟上有畛；百夫有洫，洫上有涂；千夫有浍，浍上有道；万夫有川，川上有路，以达于畿。"[1]（笔者译：凡治理野地的田地，夫与夫两家的田地之间有遂，遂上有径；十夫与十夫两邻的田地之间有沟，沟上有畛；百夫与百夫的田地之间有洫，洫上有涂；千夫与千夫之间的田地之间有浍，浍上有道；万夫与万夫的田地之间有川，川上有路，路可以通达畿内各地。）

况且，把"思路"之"路"与"道"联系起来也很有意思。道者，路也；路者，道也。找到"思路"之路，不也就是找到了"道"吗？老子说"大道甚夷，而民好径"[2]，道路本来是宽广的，但是人们却舍而不取，走到小路、弯路——"径"上去了。

于是想到那句人们烂熟的话——"思路决定出路"。原来，当初我正是因为抓住了"思路"，才走上了思维研究的大"路"呢。

---

① 徐正英、常佩雨译注：《周礼（上）》，中华书局2014年版，第331页。
② 陈鼓应注译：《老子今注今译》，商务印书馆2020年版，第268页。

第二章　人人皆诗人

第一节　诗歌：我的救"命"稻草

诗歌救过我的"命"。

我的教育经历很特别。1968 年春季，5 岁半上小学；4 年半之后跳级上初中，初中和高中均为学制缩短的 2 年，1978 年高中毕业；之后未满 16 岁的我随叔父去云南丽江，1979 年不听语文老师兼班主任曾励侯老师"考大学，不行就复习再考"的劝说，执意"考中专"，带给叔叔"一个好消息"，结果是，被阆中师范学校录取的通知书到了峰站乡上，家人及老乡们都为我能脱离农村生活环境而竞相祝贺；而我对此却一点兴致也没有……因为一路走来，从小学到高中，我都是班级和学校所谓的拔尖学生，"小大学生"的名号被大家叫得响亮，进入阆中师范学校就读，无疑与我想象中的学习生活大相径庭，这不禁令我黯然神伤，心中郁郁寡欢。

好在当时正是文化解冻初期，在师范学校图书室里我找到了治病的"药"。除了有少年时代一直喜欢的小说和散文，如《东方》《秦牧散文集》等；还有诗歌，如《诗刊》《星星》以及《艾青诗选》《郭小川诗选》《陈毅诗选》《郭沫若诗选》等读物。凡是进入视野的文学作品，我都一本接着一本，饥不择食，狼吞虎咽地阅读。读《三国演义》和《红楼梦》，读游国恩的《中国文学史》等书籍，我手抄其中的诗词和其他经典片段，至今保存完好的尚有二十多个小册子，我还曾经拿它们在学生面前"显摆"过。

最深入骨髓的是唐宋诗词等古典文学作品。中国少年儿童出版社的《唐宋绝句选讲》《唐宋律诗选讲》《魏晋南北朝诗选讲》成了我每日案头的必读书。85 首唐宋绝句、104 首唐宋律诗、98 首魏晋南北朝诗歌，成了读了背、背了又读的随身之物，甚至走路、乘车都有它们相伴，至今记得默诵李清照的《声声慢》，正值乘车赶路，那时速 20 公里老解放汽车爬坡时吃力的"突突"声，窗外淅淅沥沥的雨滴声，和着"寻寻觅觅，冷冷清清，凄凄惨惨戚戚"的诵读……其间情调，每当我接触这首词，或与学生一道诵读时，彼时的感受屡屡被唤醒。

说它们"救"了我，一点也不夸张。就是这两三百首古典诗词填补了我彼时升学失意的空虚时光，为我营造了一个专属于自己的"精神空间"。

所谓"精神空间"，就是唐宋等古代文人在人生或事业遭遇挫折，难以前进时，并不万念俱灰后退以致一蹶不振，而是向旁边迈出一步，寻找到的一个休憩之所，他们在这里吹吹风，赏赏月，晒晒太阳，透透气，抒抒怀，让自己内心逐渐平复下来，心灵的伤痛得以平复而归于宁静，并由之寻得新的人生动力而再出发。古人的"休憩之所"，要么是自然山水，要么是躬耕田园，要么援琴行吟，要么是月下独酌、江畔垂钓。而我呢，则是一遍又一遍对唐诗宋词元曲的浸入与深味，这种"深"，深在灵魂之根，不仅纾解了我人生失意之痛，还让我获得了不可言喻的快乐，每当我事后翻阅当年读过的小册子，还能感知40多年前留在书页上指痕的温度。过去几十年间我能够一以贯之地从事基础教育业务而未改行下海，"诗"在其中的作用不可小视。

之后几十年，我虽然没有创作出像样的诗歌和其他文学作品，但阅读诗歌、鉴赏文学作品，视文学作品教学甚至所有语文课为享受，成为我的教学和生活的习惯，常常慨叹"一日不读诗，心源如废井"！不仅如此，《古文观止》《古典文学作品译注》《诗经译注》《诗词例话》《前汉演义》《后汉演义》等，凡是与传统文化相关的书籍，都是我彼时必读的，乐此而不疲。这样做的好处就在于，我教诗歌就是欣赏诗歌，教文学作品就是享受文学生活，并没有觉得教语文仅仅为了教学或考试，而是成为一种学习与享受。

我多次感叹：如果不是这样，我早就逃离了语文，离开了教育行业，或者早就生病了，倒下了，甚至"死"掉了。

第二节　读诗如猜谜语

入职教授语文十年后，我惊讶地发现，诗歌等文学作品鉴赏课不但帮我度过了极度郁闷的人生时刻，给我超离世俗烦恼的"域外空间"和"新鲜氧吧"，还给我的教学带来了意外的惊喜：在阆中市文成中学教高1992届，当我示范朗诵李白《梦游天姥吟留别》时，学生随着我的诵读似乎真的进入了"梦游"之境，一俟范读完，他们长长舒口气——真像从梦中醒来一般；2000年在成都南洋学校，录音范读《冬天之美》，听到中途，学生兴奋地小声念叨"是蒲老师的声音"，二十多年前的声音素材至今保存在我的电脑里，后来再听，其时场景历历可见；在郫都一中，为高 2004 届、高 2007 届学生讲韩愈的《祭十二郎文》和川端康成的《花未眠》，我与学生一起进入"白发人送黑发人"痛失爱侄"边哭边诉"万劫不复的心境，以及"美是邂逅所得，是亲近所得"瞬间顿悟后的惊觉之中。

这些片段为什么会深深地印在我的脑海里？我想无外乎是因为我深度进入了文本，走入了作者的情感世界而与之共情、共鸣了，当我通过朗诵或讲解传达出来时，学生又与文本、作者共情、共鸣了。换句话说，在教师、学生与文本、作者几者之间形成了情感共鸣的场域。

诗歌是主情的。不管情景二端，还是情事二端、事理二端、情景（事）理三端，"情"都是不可或缺的要素。不仅是诗歌，所有文学作品，所有实用类作品，哪类作品不涉及情感、情思？再进一步说，议论类作品难道就没有情感成分了？当然不是！议论文固然以表达观点为核心，主要运用议论这一表达方式，但真正高明的议论文或议论文之中的"上品"，一定少不了情感因素，或者说是亦情亦理、情理交融的。大家想想，毛泽东、鲁迅等文章大家的论述类文章，令人印象最深刻的是不是那些既动之以情又晓之以理的篇目？我曾以《烛之武退秦师》为模板讲任务驱动型议论文写作，明确烛之武面对"退秦师"的议题，就是恰当采用了"亦情亦理、情理交融"的手法完成使命的。因此，延展开来，所有文章无不涉及情感或情思。抓住了这一点，语文教师就知道语文课该在"情"字上下功夫：教师自己首先要进入文本或作者的情感世界，才能带动学生投入情感而与之共鸣，才能生成"师生、生生、师生与文本、作者"互动的生动景象，并最终达到语文教育的目的。

当然，如果一定要把这个谜底揭开的话，它的底层逻辑就在于人、人性。人很难定义，人性也很难说清，但情感、理智（性）是人或人性的两大核心要素，这是毋庸置疑的。而"同情心"与"同理心"是人所共知、人与人之间的通道。明白这些，我们就会对诗歌鉴赏是语文学科教学的最佳切入口有清醒认知。

从诗歌入手，我的语文教学进入所谓自觉自为的探索阶段。

这个过程始于 2002 年左右，持续七八年时间。这段时间里，我主要有如下收获。

一、古诗词鉴赏文本模型建构

按古诗词文本要素的"文（字）"或"言"、"象"（景、事）、"意"（情、理）的结合方式的不同而区分出"总体模型""中观模型""微观模型"三类，便于读者按照类型快速对应，进入诗歌意境。

一是总体模型。其主要环节是：文字符号—具体形象—诗作情思。

之所以称为总体模型，是因为这种模型适用于全部诗歌鉴赏活动。具体地说，这种模型告诉我们，对所有诗歌的鉴赏，我们目力所及的首先都是文字符号这一所谓的"空筐结构"，靠什么东西来填充"空筐"呢？靠的是读者的想象力，即要靠读者发挥想象力把文字还原成具体的形象并整合而成为意境，最终才能深味作者的情思。

以《卫风·氓》的教学来说，首先得引导学生在自己头脑中展开诗中女主人公与她的恋爱对象"氓"自由恋爱、婚后不幸生活、被遗弃之后自我解脱等几个具体片段的想象，才能把握这场婚恋中男女主中人公各自的个性以及他们之间的是是非非。

再看《琵琶行》的教学。该诗歌的教学，则要求教师在教学时首先引导学生从字里行间还原出送客闻琵琶、琵琶女展示技艺、琵琶女自述身世、诗人共鸣等几个主要场面，对这几个大的场面，我们作进一步分解，比如对展示技艺部分，就可再具体化为"相见—试音—展示—听众反应"等几个细节；细节还可再行细分，比如"展示"一节就可再具体化为"起调—休止—高潮—收势"四个环节。如此这般，恐怕才算是"入乎其内"了，唯有如此，方能"出乎其外"，全面深入地把握诗歌，掌握诗歌——"同是天涯沦落人，相逢何必曾相识"一语的真正意蕴。

此类案例是不可尽举的，也无须穷尽。因为对于所有诗歌作品的鉴赏和教学，都无一例外地要将抽象的言语符号还原成具体东西，这个具体东西究竟是什么，可以千姿百态，但一定是具体而又可感的，这是确定无疑的。同时，我们鉴赏诗歌无一例外地要弄清作者所要传达出的感受、意旨，这也是确定无疑的。

二是中观模型。任何诗歌作品里都有两个要素：景与情。

诗歌作品中情与景结合的具体情形虽是千变万化的，但大致可以分为"松散型"和"紧密型"两类，前者指在诗歌里可以清晰地区分出"写景句（词）"与"抒情句（词）"的情况，情与景，大致可以说是"水是水，油是油"，一般而言都是由景及情，即先写景，再抒情。后者则指诗歌作品中的情与景，就如水与盐，你中有我，我中有你，水乳交融，难分彼此。

对这两种基本状况，我们对应地建立了两种解读模型。

中观模型之子模型一：由情及景模型。其主要环节是：情（谜底）—景（谜面）。

大量诗词曲作品中都有标志主旨与情思、情志的所谓"诗眼"，鉴赏时很容易捕捉到，对这类诗歌，我们可以从把握情感基调和情感内容入手，再进一步去体会带有情感色彩的有关景物或意象，最终完成对诗歌意境的解读。

以《梦游天姥吟留别》的教学为例。首先向学生提问：此诗主要想表达怎样的情思？学生会比较容易地找出其诗眼句"安能摧眉折腰事权贵，使我不得开心颜"，稍做探讨学生就不难理解其内蕴——褒扬不依附权贵、任性自然、落拓不羁的人格和个性。在此基础上，让学生围绕两个问题展开探究和学习：一是李白为什么会流露出这样的情怀？二是李白在诗中怎样演绎和表达这样的情怀？对第一个问题的回答会引导学生了解李白的身世、生平、个性以及当时的处境，把握作品出现的深层背景，做到所谓"知人论诗"。而第二个问题的解决，则需要学生充分调动和展开自己的想象力，循着李白提供的"框架"来填充，形成"着屐登山""山中奇景""仙人登场""梦中惊醒"等几个具体画面和场景，和李白一起进入梦境之中，从而真切感受现实和仙境的巨大反差以及这种反差之下作者舍此而求彼的内心隐痛。

包括陶渊明的《归园田居》、曹操的《短歌行》、白居易的《琵琶行》、王维的《山居秋暝》、杜甫的《蜀相》、李商隐的《锦瑟》、陆游的《书愤》、苏轼的《念奴娇·赤壁怀古》、秦观的《鹊桥仙》、李清照的《声声慢》和柳永的《雨霖铃》等在内的大量诗词曲作品都适宜于用这一模型进行鉴赏和教学，因为古代诗歌作品中大多采用由物及人、由景及情的思维结构模型，循此模型，我们很容易读解原作。

中观模型之子模型型二：由景及情模型。其主要环节是：景（谜面）—情（谜底）。

适宜于这一教学模型的作品似乎要少一些，因为这种教学模型是针对情景交融的作品，而古诗歌作品中，比较纯粹意义上情景交融的作品占少数。具体而言，李白的《石头城》和《菩萨蛮》、柳宗元的《渔翁》、杜牧的《过华清池》、姜夔的《扬州慢》、《诗经》中的《邶风·静女》等作品可用这种模型教学。

以《渔翁》的教学例子来说明。这首诗共六句："渔翁夜傍西岩宿，晓汲清湘燃楚竹。烟消日出不见人，欸乃一声山水绿。回看天际下中流，岩上无心云相逐。"① 我们在教学时没有办法让学生找到现成的标示谜底（"意"或"情"）的词语，但可以提示他们：诗中提到渔翁从晚到早哪些生活片段？让学生在阅读中想象并感受其生活况味。尤其是要重点感受"欸乃一声"与"山水绿"之间的联系和滋味，以及"岩上无心云相逐"所显示的生活状态和心态。

再拿一首白居易的《村夜》来说明问题。该诗共四句："霜草苍苍虫切切，村南村北行人绝。独出门前望野田，月明荞麦花如雪。"读这首诗，教师最好先引导学生筛选出诗中的"草""虫""行人""月""荞麦花"等几个意象，再让他们观察、体悟各个意象之间各自不同而又和谐统一的"色彩"——人的情感的自然流露形式（"苍苍""切切""绝""明""如雪"等），从而领悟该诗所展示的农村寂静、空旷、清新等意蕴。

比较典型的教学案例，如对马致远的《天净沙·秋思》的解读，也可循此模型进行，此处就不详述了。

以上两类之所以被称作中观模型，是因为它们主要是针对"言—象—意"中后两个环节建构的。

三是微观模型。其主要环节是：还原语序—连接断裂—圆合意境。

这一模型，主要是针对中观模型里由"谜底"到"谜面"和由"谜面"到"谜底"的具体操作过程中出现的语言"变形"情况提出的，其"变形"主要表现就是语序"倒错"和语言上的似断实连的"断裂"，对于前者，我们要调整语序，使它"顺"过来；对于后者，我们要启发学生发挥自己的想象力和领悟能力，把它"接"起来。

这类的例子很多，所谓倒错的诗句如："多情应笑我"（笔者注：应笑我多情），"照花前后镜"（笔者注：前后镜照花），"四十三年，望中犹记，烽火扬州路"（笔者注：望中犹记，四十三年，扬州路烽火），"波心荡，冷月无声"（笔者注：无声冷月，荡波心），"千古江山，英雄无觅孙仲谋处"（笔者注：江山千古，英雄孙仲谋无觅处）。而所谓"断裂"的诗句，较为典型的，如陈子昂的《登幽州台歌》和马致远的《天净沙·秋思》整个作品，诗句"欸乃一声"与"山水绿"，"寻寻觅觅"与"冷冷清清"以及"凄凄惨惨戚戚"之间等，也都存在"断裂"现象，解读时要把语序理顺，从思维上把跳荡的"诗家

---

① 中央广播电视大学教研室古代文学组选注：《中国古代文学作品选（中）》，北京大学出版社1987年版，第176页。

语"连缀成顺畅无碍的意脉，形成整体的完美意境。

二、诗歌（含现代诗）鉴赏操作模型建构

在对任意给定诗歌文本进行解读时，我们进入其意境的基本要领有如下几点：

首先，解读者需要顾及所有文本信息和自身储备的非文本信息，用自己的想象力进入诗歌文本。

其次，在进入诗歌文本时，解读者还要从如下几个维度或方向与过往已经谙熟于心的类似典型文本作比较：一是从内容（情感、情思、题材等）和形式（体裁、语言、表达技巧等）或主观的情感、情思和客观的物象等方面作比较，二是从主观客观或形式与内容合一的形象、意境、风格等维度作比较。

再次，这种比较的基本心理机制是联想和想象。

最后，比较的基本指向有两个：同中见异，异中求同。

图 2-1 可以帮助我们更为直观地感受诗歌（含现代诗）鉴赏的基本操作要领。

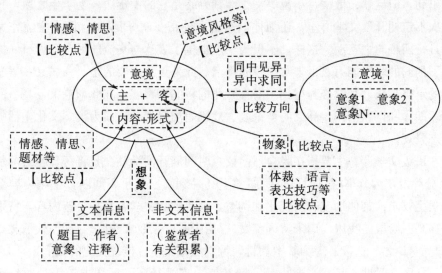

图 2-1　诗歌鉴赏操作模型

第三节　人人皆诗人

我的诗歌等文学作品教学是从多方位展开的。除学校课堂教学外，在第二选修课、校内文学课、班级文学课、社区文学课等方面也有成效。

第二选修课在高一时开设。我以"在母语的屋檐下"为总课题，开设过"在母语的屋檐下——我们乘上思维的快铁""在母语的屋檐下——我们拥有幸福""在母语的屋檐下——我们如何思考"等专题课，每两周一次，年级学生自选，每次选课学生都远超学校限额的 30 人，"在母语的屋檐下，我们诞生和成长、爱恋和梦想。在母语的荫庇中，我们生命绵延，幸福闪亮"是当时的课程广告语。课程主要活动形式是诗歌等文学作品的鉴赏与创作。

校内文学课是以校园文学刊物为核心开展起来的。校刊由《百草园》更名为《岷阳》，是以学生为创作主体的纯文学刊物，由学生主编、组稿、审稿、设计版式等。2004—2014 年，我作语文组长时一直是它的顾问组成员，我们除了推荐、修改稿件，还负责把握稿子的价值取向、文学品位等关口；虽不定期出刊，但诗歌、散文、小说等文学体裁始终是它的主旋律。受学生之邀，我多次不定期开设文学讲座，还为他们邀请本校高 2002 届学生、国内主流作家戴月行回校与之互动。这样，不仅为学生提供了表达与交流的平台和窗口，提升了他们的写作能力，也丰富了校园生活。此外更为主要的是，一届又一届学生的审美趣味、文学修养得到了潜移默化的浸润、熏陶，在此影响下，高一的诗歌朗诵和诗歌创作，高二的辩论赛、戏剧表演等活动，成为校园文化生活的常态景观。

班级文学课，主要指在晚自习前读报时间展开的活动。我将每日晚自习前 15 分钟设定为分享栏目时段，每届学生高一到高三几乎不间断，主题内容会按学生要求或其他情况有所变化和调整，但诗歌和文学鉴赏是必选内容，特别是在高一阶段，我以《唐宋诗词鉴赏》《唐宋八大家散文选读》《现当代散文选读》《〈论语〉选读》等为基本教材，特别强化文学、传统文化的浸润。

社区文学课，是我受邀去菠萝滩社区、安靖社区和区图书馆等处所作讲座。至今记得在菠萝滩社区那个寒冷的冬日，年龄从 6 岁到 13 岁的 23 个孩子簇拥着我，我们猜啄木鸟的谜语，又以小诗《啄木鸟》引入，模仿"童年的味道"，来写"童年的颜色"，孩子们轻轻松松写出了自己童年的"颜色"，文字虽稚拙，但首首有诗味，首首都是"诗"，至今我完好保存着他们的"手迹"。

篇幅所限，这里照录一首：

童年是红色的/在草地上采一朵红花/望着天边灿烂的红霞/童年是黄色的/在银杏树下拾一片叶/看着伙伴们脚下的流沙/童年是蓝色的/在广阔的碧海中畅游/随着云而涌动

（作者：佚名）

另外，我带的班级有"班级博客"（纸质记录本），学生以此记录班级常规实施情况，同时学会得体优美表达。班级还根据学生写作情况编辑班刊，集中发表他们的优秀诗文，高 2019 届学生高一所出《有赞》，以诗歌、散文为主，装帧精美。高 2010 届所出毕业刊，是孩子们高三时的优秀作文，富有个性，超越应试窠臼。除此以外，我们还改写诗歌和翻译英文诗歌。本书第八章第三节"人人皆诗人——第二选修课实录"有具体案例呈现，此处暂且不表。

第三章 没有想象力就没有人生

第一节 想·想象·想象力

一、人世之事：想—说—做

人世之事：想，说，做。一般而言，有想而后有说有做；说后做后，又有想，此为反思；反思之后，又有说与做，如此循环往复，形成闭环，谓之人事。

想，即观念形态的东西。一般说来，怎么想就会怎么说和怎么做。但这个想或观念最不确定，有人说，心里想的（观念）是"气体"，说出来的话是"液体"，写出来的文字是"固体"。对于"想"，我们可以尝试以"理性"为标准来一个粗略划分，将其分为理性的"想"——思辨，逻辑思辨、哲学思辨等和非理性的"想"——表象、联想、想象、直觉、顿悟、灵感等。

出自《楞严经》的成语"想入非非"，指思想进入虚幻境界，完全脱离实际，又指胡思乱想，似乎也告诉我们，"想象"一词的难以捉摸。中国人擅长联想和想象，西方人从亚里士多德到康德和胡塞尔等人曾系统地研究过联想与想象。

一般地，想象指脱离现场，使本身不出场的东西出场；想象力则是指人使脱离现场的东西或不出场的东西同时发生，变为"共时性"东西的能力。

按照通常讲法，想象包括三方面内容：一是记忆与联想。过去的东西，当我们回忆它的时候，这个事物虽未被我们感知，却在我们的想象里出场了。联想，按照古希腊人的说法，可分为三种形式：相似（similarity）、对比（contrast）和接近（contiguity）。二是创造的想象。其是事与理、感性直观与普遍性概念相结合的想象。三是幻想，即对本身不出场的、在知觉中或感性直

16

观中未曾出现、根本不可能出现的东西的想象。

二、想象力与创造性思维力

想象力不等于创造力，创造力包含想象力。

我们往往把想象力等同于创造性能力，或者把发散思维能力等同于创造性能力。其实，创造性能力的主要成分是创造性思维能力，它还应包括诸多操作（动手）能力。众说之中，笔者采纳北京师范大学何克抗先生的说法，即创造性思维能力包括三个部分：发散性思维能力和聚合性能思维能力，是创造性思维能力的定向策略；想象力（联想能力）、直觉等形象思维能力和逻辑思维能力，是创造性思维能力的主体；辩证思维能力和纵横思维能力，是创造性思维能力中解决复杂问题能力的部分。[①]

因此，想象力是创造性思维力的一个要素。

三、没有想象力就没有人生

无论从种系发展还是个体发展角度看，人生在世的全过程都可以这样描述：人之初始阶段是生活在万物一体之中的，与万物息息相通，只是有了主客关系的思维方式以后才产生了人与万物之间的限隔，人只有通过修养和陶冶才能在高一级阶段上回复到万物一体的状态。换句话说，人生在世的全过程包括人从无自我意识到主客关系式的感性认识与理性认识，包括在主客关系中的实践，再进而到对超主客关系的万物一体的领悟。[②]

人在从混沌未分的状态到能区分主客的过渡时刻会有惊异之感产生，这种惊异之感会引起诗意（兴）。同样地，在另一个过渡阶段，即从主客二分到超主客二分、从有知识到超越知识的时刻，也会激起惊异、引发诗兴。张世英说："作为人类中少数'优选者'的真正诗人能经常达到这个境界，平常多少有些诗意的人有时也能进入这个阶段，一个完全不能超越主客关系阶段的人是根本没有诗意的人。"[③] 靠什么去"超越"呢？靠的就是想象、想象力。

---

① 参见何克抗著：《创造性思维理论——DC 模型的建构与论证》，北京师范大学出版社 2000 年版，第 195 页。

② 参见张世英著：《哲学导论（第三版）》，北京大学出版社 2002 年版，第 58 页。

③ 张世英著：《哲学导论（第三版）》，北京大学出版社 2002 年版，第 58 页。

毫无疑问，在第二个过渡阶段上，所谓"修养""教养"和"陶冶"也必然包括想象力在内，因为"那种只讲主客关系式中对在场者的认识与实践，不讲超主客关系式中对不在场的无穷尽性的想象与追寻的西方'在场形而上学'，可以说是在人生旅途中半途而废"①。

让我们观察现实生活中的每一个人，真正意义上生活在当下的，除了物质的或有形的"外在生活"，其"内在生活"即内心世界，大部分属于非现实的"别处"。小孩子渴望长大成人、向往心中的偶像，成年人总在不断追逐自己的事业目标，老年人回忆自己过往的辉煌经历。一个有价值感的人生，就是不断追逐自己梦想的人生，是向往去到"别处"的人生。

再说一个家庭、一个团体或团队、一个族群和国家，也需要生活在"别处"。这个"别处"同样是某一个共同体的共同理念、共同目标、共同价值取向、共同精神文化或称"共同梦想"，少了这些共同的东西，所谓"共同体"将无以成立，即使成立，其存续时间长短也极为不确定。

现实外在或有形的生活与在"别处"的内在、内心生活之间有所谓相生相克、相克相生关系，即既正相关又负相关，前者指互相推高，后者则互相促退。

我们需要警觉的是其"互相促退"的负面影响。在百年未有之大变局背景下，信息化（特别是人工智能化）和物质化一方面充实和丰富了我们当下有形的外在生活，另一方面也严重挤压了人的内心生活，从个人来说就是消费主义盛行而内心世界空虚，"空心人"越来越多，"我抑郁了"成为一些人的口头禅，这种心理在国际政治中进一步扩张，则可能导致国家、民族之间地缘冲突频发，矛盾上升，世界将处在动乱的隐患之中。

德国浪漫主义诗人约翰·克里斯蒂安·弗里德里希·荷尔德林（Johann Christian Friedrich Hoiderlin，1770—1843）说过："充满劳绩，然而人诗意地栖居在这片大地上。"② 荷尔德林的诗艰涩难解，海德格尔在他的《荷尔德林诗的阐释》中解释道："人的所作所为，是人自己劳神费力的成果和报偿。'然而'——荷尔德林以坚定的对立语调说道——所有这些都没有触着人在这片大地上的栖居的本质，所有这些都没有探入人类此在的根基。人类此在在其根基上就是'诗意的'。"③ 对于"劳绩"，《现代汉语词典（第 7 版）》的解释为：

---

① 张世英著：《哲学导论（第三版）》，北京大学出版社 2002 年版，第 58 页。

② 转引自［德］海德格尔著，孙周兴译：《荷尔德林诗的阐释》，商务印书馆 2000 年版，第 46 页。

③ ［德］海德格尔著，孙周兴译：《荷尔德林诗的阐释》，商务印书馆 2000 年版，第 46 页。

功劳和成绩①。我们可以将其笼统理解为人所创造的文明成果，特别是指物质文明成果。而与之相对的则是人的"栖居的本质""人类此在的根基"——即所谓"诗意地栖居"的生存状态。

"诗意地栖居"的本质和内涵是什么呢？它是指人超越物欲之后的一种审美生存样态，是高度物质化、高度技术化的当代人追求的生存方式。其具体内容大致包括：首先，人应该审美地对待自然，摒弃传统的"人类中心主义"观点，树立"人—自然—社会"系统、和谐发展的观点。"天地与我并生，万物与我为一"②，庄子对此早有认识。其次，审美地对待社会，摒弃人的兽性与"他人是地狱"③ 的灰暗理论，以高尚的人道主义审美态度关爱他人与社会。最后，审美地对待自身，改变人类较少关心自身心理状态的情况，做到身与心、意与情的和谐发展，培养和提升人的想象力、情感力等，才能渐入审美生存的诗意佳境。

可见，对于当代人包括当代中国人，想象力的建设已不是可有可无，而是生存的必然目标指向、生活的应有之义和必要内容。人要调整由物质主义、技术主义而起的人与自然、人与人以及人与社会的尖锐对立关系，转而相融相通、和谐相处，所依靠的东西不是别的，正是想象力。

第二节　语文教育中想象力开发的类型

一、再造性想象力的开发

世界上任何一种语言都是由字（词）组成的符号系统，除少数象声词直接模拟物质性的声音、有一定形象性外，其余绝大多数字（词）都只有符号性而无形象性或形象感。因为语言文字是一个以声音（或线条）来表达的符号系统，是客观事物抽象的、概括的反映。从人的心理活动上说，属于第二信号系统。而对客观事物的形象作出感性反映的，则属于第一信号系统，二者各有分工。当然，任何词汇都有读音，文字则有线条，它们都给人以听觉或视觉感

---

① 中国社会科学院语言研究所词典编辑室编：《现代汉语词典（第 7 版）》，商务印书馆 2016 年版，第 780 页。

② 曹础基著：《庄子浅注》，中华书局 1982 年版，第 30 页。

③ 转引自全增嘏主编：《西方哲学史（下）》，上海人民出版社 1988 年版，第 800 页。

受。但这读音与线条却是符号性的，而非形象性的，也就是说它们与客观事物本身的形象并无必然联系。例如"书桌"这个词的读音与线条就与书桌本身的形象并无必然联系，基于此，在各民族语言中可以用完全不同的读音和线条来指代同一个东西——书桌。

汉字是表意文字，汉语似乎应该是具有形象性的了，其实不然。汉字最晚从秦汉古隶算起就没有形象性了，至于楷书、行书、草书就更不象形了，而篆书中也只有一部分象形，且这些象形字并不能充分表现物质性、实体性的客观事物，因此还是符号性的东西。书法艺术中的汉字则是另一种性质的艺术形象，而不是对客观事物的模拟或直接反映。因此，包括汉字、词在内的各语种的词汇或文字只会给我们以符号性的视觉和听觉感受，其本身是没有形象感的。例如"太阳"一词，其本身绝不可能给人以光、热、色彩等感觉，即它不能自动呈现物质性太阳本身的特征，或者说它不给人以形象感，进而，由字、词组成的语句和由语句组成的篇章作为符号的组合，自然也不具有形象性、形象感了。

（一）言语（阅读）活动形象感的获得

一个简单的事实是，我们在阅读言语作品时的确能获得活灵活现的形象感。原因何在呢？日本坂本保之介说："字词存储和表象存储就像是记录、保存信息的图书馆，而字词存储中的语言信息可以说是为了查找表象存储中的形象信息的图书索引。'火箭'这个词就是'火箭'这个形象的索引卡片；'自行车'这个词就是'自行车'这个形象的卡片；卡片与'图书'（即形象）一起被记录、保存在大脑这个图书馆中。所以，当我们听到'火箭'、'自行车'这些词语时，就能够将与它们有关的信息作为具体的形象在头脑中再现。"[①] 进一步说，当我们听到"火箭""自行车"这些词语时何以就能够将与它们有关的信息作为具体的形象在头脑中再现呢？这是因为这些词语凝聚着某种特定的表象与情感，与人们特定的生活经验相关联。例如，当我们读到与亲人有关的文字时，头脑里就会浮现诸如他们的音容笑貌、与他们一起活动的场景等。然而词语所凝聚的表象和情感以及它和生活之间的联系并不是天然的和内在的。换句话说，词语只是与表象、情感、生活相关联的一个外在性因素，在词语、言语作品这些符号性东西与所谓"活灵活现"的东西之间还有更本质的东西存在。

既然言语作品本身并不给人以形象感而我们在阅读作品时却又获得了形象

---

① 转引自金开诚著：《文艺心理学》，北京大学出版社 1999 年版，第 135 页。

感，原因必然在阅读者这一方。事实正是如此，这是由于在阅读过程中我们的阅读心理方式——再造性想象力发挥了作用。

再造性想象属有意（随意）想象的一种，是人们根据别人的语言叙述、文字描述或图形示意，在头脑中形成相应的新形象的过程。其特点在于，必须以别人的描述和提示为前提，再造别人想象过的事物，虽然具有一定的独立性，但独立性差。即是说，一方面再造性想象不是别人想象的简单重复，而是根据自己以往的经验再造出来的，有创造性成分在里面；另一方面这种"想象"和"创造"又不是原创性的，而是想象之上的想象、创造之上的创造，必须以别人的某种东西为凭借和依据才能进行，故名之曰"再"。

（二）语文阅读教学中再造性想象力的开发

很明显，语文阅读教学从一定意义上说就是发挥再造性想象力进行再创性想象的活动。

当我们面对一篇篇文章，就是面对一个个想象活动的成品，只不过它是符号化的，语文老师的任务就在于充分了解学生已有生活积累、表象储存情况（学情），把自己和学生的种种积累充分调动并与文本进行"对话"，采用适当方式和手段尽可能地让学生把眼前的符号化的东西与他们的生活、情感等联系起来。一句话，语文教师教学生阅读其实是要尽可能提供条件让学生能顺利地进行表象的自觉运动：开展再创性想象。而学生则要把自己置于一个多角对话体系之中：与老师对话，寻找再创性想象的方向；与同学对话，求得再创性想象的借鉴；最终与文本对话，实现由符号到形象的还原和再（逆）创造，从而也就实现了语文阅读教学的目标。这种情况在文学作品——诗歌、散文、小说和戏剧等文体的教学中概莫能外，对具备意境特征的诗歌、散文教学而言尤其如此。换句话说，越是想象性的作品，给我们留下的再创性想象空间越大，越需要老师带领学生在对话中用想象去"还原"。以马致远的《天净沙·秋思》为例，小令中的"枯藤""老树""昏鸦""小桥""流水""人家""古道""西风""瘦马"9个名词以及两个动态意象"夕阳西下""断肠人在天涯"为读者提供了再造性想象的凭借，读者阅读或"再造"时至少要做到：就十一个意象透视出有色彩、有动态的画面，将所有单个画面连缀成一个完整、有机的整体意境，进而体悟作者在整体意境中所透露出的情味：滞留于异乡之人的羁縻情怀和惆怅心态。这样，我们的阅读鉴赏活动，才算基本成功。

进一步讲，要顺利完成这一再造性想象任务，其内在心理操作模型或机制是什么呢？是赋形思维的重复与对比。马正平先生曾用他的"赋形思维理论"

对此作过精彩赏析，他说："第一句用三个孤立无援的情调相同而形象不同的艺术意象——'枯藤、老树、昏鸦'，渲染出了一种浓郁的绝望死寂的生命感受。然后，采用'对比'的赋型思维模型操作，将一幅明快、清新的温暖情调意象、图画——'小桥、流水、人家'——送到你的眼前，使人产生强烈的反衬对比的审美感受，使前者的情调更加孤寂。而在属于'对比'的第二句中，仍然运用'重复'的赋形思维操作模型，这样使这种温馨的情调更加温馨。第三、四、五句——'古道、西风、瘦马，夕阳西下，断肠人在天涯'——仍然像第一句那样，无论是内部还是外部，都运用了'重复'的赋形思维模型，从而将那种悲壮苍茫、孤立无援的生命死寂感，渲染得淋漓尽致、氤氲郁郁、生机勃勃。"[1]

散文阅读大致如此。而小说和戏剧则要求读者在阅读时把作品的若干人物活动细节、情节发展片段以及环境构成因素整合成完整的人物形象整体、情节整体和环境整体，并最终将人物、情节、环境勾连起来，构成一个"三合一"的完美整体。其他实用性作品的阅读同样需要进行再创性想象，与文学作品不同的是，阅读这类作品时不可能还原成意境、人物情节和环境整体之类的东西，但需要我们让学生通过想象把他们的生活经验、知识积淀、情感体验等与所读的文字"对起号"来，最终实现所有文字符号的生活化、具体化。这一点与文学作品阅读无疑是相通的。阅读中最典型的再造性想象是对文章内容或故事情节的复述，因为复述最基本的规则是要尊重原文，原文对学生的讲述有相当的制约性。当然，把这类"复述"练习视作口头作文练习也无不可，但其中进行的再造性想象与阅读并无二致。

作文教学中有没有再造性想象？回答是肯定的，只是似乎没有阅读教学中那样典型和普遍。如果作文是要求学生根据文字材料、画面图形材料进行创作的材料作文或是根据命题加材料创作的半材料作文，则确实可以界定为有一定再造性想象成分的作文活动，而像命题作文、自由作文之类的作文形式，由于学生写作时没有过多的现成凭借，一般而言似乎可以认为其不是以再造性想象为主的作文教学活动。需要着重指出的是：所有的作文教学活动中，只要存在回忆性成分，就有再造性想象，因为回忆就是最典型的再造性想象活动。

---

[1] 马正平主编：《高等写作思维训练教程》，中国人民大学出版社2002年版，第19~20页。

二、创造性想象力的开发

（一）创造性想象及其特征

创造性想象是按照一定目的、任务，利用自己以往积累的表象，在头脑中独立地创造出新形象的过程。与再造性想象相比，创造性想象最大特点是具有首创性、独立性和新颖性。所谓首创性是说创造性想象的结果是前所未有的、想象活动过程中的心理操作方式是前所未有的。所谓独立性是说创造性想象不像再造性想象那样在开展想象活动时一定要有语言描述和图形等作为外在依恃，而是凭着自己的内在表象积累来做自觉的表象运动。而所谓新颖性说的是创造性想象的过程和成果都是与众不同、别具一格的。创造性想象是人类创造性活动的一个必不可少的因素，是创造性活动顺利开展的关键。创造性活动由于有了创造性想象的参与才能调动以往的经验积累，根据预订的目的和计划将概念和形象、具体和抽象、现实和未来有机地结合起来，形成创造性的新形象，构制出劳动终端或中间产品的立体表象模型。没有创造性想象，一切创造性活动包括科学创造活动、艺术创作活动都将无法顺利展开。基于此，创造性想象力的开发从某种意义上说较之于再造性想象的培养有着更为重要的意义。

（二）语文教学中创造性想象力的开发

不难看出，语文教学的所谓创造性想象力的开发主要存在于作文教学之中，尤其是在想象作文、文学文本的写作之中。

想象作文，一般说来是我们只为学生提供少量文字信息资料或图形信息凭借等，在此基础上要求学生所写作文。这些信息资料和信息凭借作为引发学生创造性想象的触媒必须满足以下几个条件：一是所给文字和图形等所承载的信息量必须很大、内涵必须丰富。二是与其在场的文字等东西相关联的有关生活情感内容要与学生生活、情感贴近，从而便于激发和启动他们的思辨和想象。三是所提供的文字、图形资料的量要小，某种意义上说要越少越好，而可能与之相关联的不在场的信息量则要越大越好。换句话说，所给现成的东西必须给学生"留白"，而且"留白"要越大越好，因为"留白"越大意味着创造性想象的空间越大。纵观多年来中小学学生作文无不证明了这一点。以高考作文来说，1999年的作文《假如记忆可以移植》一题之所以别开生面、轰动一时，我想主要在于它为考生提供了一个创造性想象的巨大空间：文题仅仅八个字；

用虚拟的"假如"一词指示出多种可能性;"记忆"一词又未做任何限定——究竟是心理意义的记忆,还是文化意义的记忆,抑或是其他意义的记忆都不得而知。正是在这种不确定之中,学生们有了施展想象力的无限可能性。而1991年的复合型作文题中10分分值小作文要求根据"圆"展开想象,写一段描写性文字,则更是一个典型的考查创造性想象力的题目。再如下列一些作文题目:"墙""门""窗""1+1=?"……无一不是考查学生创造性想象力的典型例证。诗歌、散文、小说和戏剧几类文学作品的写作,大致说来,诗歌最能训练学生创造性想象能力,小说和戏剧次之,散文再次之。而学生作文包括高考作文在内,却往往习惯性地排斥诗歌、小说和戏剧写作,从创造性想象力开发意义上说,这是一个需要重新审视的事情。

除想象作文、文学类文体的写作外,其他实用文体的写作较之于阅读教学所做的工作更多的还是开发创造性想象力。道理很简单,学生的一般作文题目和形式——不管给定的是命题、话题抑或是材料:文字材料或图形材料,在要求学生进行写作操作时绝不仅仅是就给定的东西做某种复原,恰恰相反,题目所给的东西只是一个引发想象、思考或某种推演的触媒、凭借或者被划定的范围,在此基础上学生所开展的写作活动,实质上是他们根据自己已有的表象积累进行加工和改造的活动,通过想象来创造新形象。很显然,他们所进行的写作活动就是创造性想象活动,当然其中也交织着逻辑推演等理性思辨活动——在议论类文章写作中这种成分则要占据主体。即使在写实色彩的记叙文中,学生也不是依葫芦画瓢原原本本地把客观事物及其变化搬到作文之中进行翻版复制或再现,而更多的是在集合客观信息的基础上进行大量的自我创造和发挥。老师在评价学生作文时,固然要肯定那种描写得惟妙惟肖的学生习作(再造性成品),我们更看重的是那些有发现、有新想法、有灵气、有悟性的东西,即创造、创造性想象成分多的东西。

阅读教学同样肩负着开发创造性想象力的重任。阅读活动绝不只是再造性活动。在教师与文本、师生、生生之间的多元对话结构中,多元主体的进入,使整个阅读活动着上了极其隆重的主观色彩。这里的主观色彩既有教师的,又有学生的;既有这个学生的,又有那个学生的。整个阅读活动是多个主体"合力"作用的活动,而阅读活动的结果则是多元合力凝结成的"合金"。我们惯常说的"一千个读者就有一千个哈姆莱特",一语道出了阅读活动中创造性想象的真谛。

创造性想象力的开发说到底就是要教会学生对表象的分解和综合。不论是阅读活动还是写作活动,我们前面都提到了,其必然是学生对已有表象进行加工和改造而最终形成的自觉表象运动。而所谓加工和改造就是对表象的综合与分解。歌德曾经说过："总的说来，作为一个诗人，努力去体现一些抽象的东西，这不是我的做法。我在内心接受印象，并且是那类感官的、活生生的、媚人的、丰富多彩的印象，正如同一种活泼的想象力所呈现的那样。我作为一个诗人，是要把这些景象和印象艺术地加以琢磨和发挥，并且通过一种生动的再现，把他们暴露出来，使别人倾听或阅读之后，能得到同样的印象；除此之外，我不该再做旁的事了。"① 歌德所说的"印象"就是表象，而所谓"艺术地加以琢磨和发挥"就是各式各样的自觉表象运动，其中最重要的就是表象的分解与综合。虽然这里歌德是针对诗人说的，学生习作的原理却与之相同。进一步讲，怎样引导学生进行分析和综合呢？按照马正平先生多年的研究成果，简单地说，就是要教会他们建构起赋形思维的操作模型。将主题立意赋予形式，通过重复与对比来增强文章感染力、说服力。②

创造性想象力的开发与再造性想象力的开发密不可分。任何人为对事物的划分和界说都只是为了认知和陈述的方便，而事实上任何事物又都是有机的、不能绝对地人为分开的，创造性想象力和再造性想象力亦是如此，二者同属于想象力，我们很难完全将二者分割开来。就其发生来讲，它们常常相生相伴；就阅读教学来说，大致是再造性想象力开发与创造性想象力开发兼具，有时再造是主要的而创造是次要的，但有时也可能创造是主要的而再造是次要的；就作文教学来说，总体上是创造性想象力兼再造性想象力开发，但也有可能是再造性想象力开发兼创造性想象力开发，比如依据原文改写类的写作练习，等等。

三、超现实性想象力的开发

（一）超现实性想象力及其特征

对超现实性想象力，此处单独列出讨论，是基于两个理由：一是超现实性想象力本身在人的心理潜质要素构成及其发展中有独特地位和作用；二是对于具有自身特有的民族习惯心理的中国学生来说，超现实性想象力开发具有特殊意义。

---

① 转引自金开诚著：《文艺心理学概论》，北京大学出版社1999年版，第79~80页。
② 参见马正平主编：《高等写作思维训练教程》，中国人民大学出版社2002年版，第18页。马正平先生在他的系列写作学著作《高等写作思维训练教程》《高等写作学引论》等中对"赋形思维"及其运用都有阐述可资参考。

超现实性想象是创造性想象的一种特殊形式，只是选材领域、思维跨度不同而已。它是人们把看似没有必然事理联系的若干表象关联起来，创造出不具备现实存在性的新表象的表象自觉运动。一般说来，超现实想象的表象分解与综合也采用超现实形式，在不同类的事物之间进行分解与综合，从而形成一种在现实中不可能出现的新形象，"牛头马面"是这类超现实性想象的代表，"狮身人面"、长翅膀的爱神厄洛斯也是。其他如高度夸张，明显变形，以及时间或空间领域的大跨度，等等，也都可以形成超现实性想象。

超现实性想象具有独特的功能和作用。科学领域的超现实性想象通常表现为科学假设、推断、构想等，爱因斯坦的相对论对现当代科技发展，宇宙大爆炸理论对当今航天工业的影响，大陆漂移说对于地质科学的推动……有太多事例证明超现实性想象对于科学技术发展的重大作用，之所以如此，基本的原因在于科学领域里面，超现实性想象的成果虽然一时或当时不具备可行性，但一旦条件成熟，超现实性就会变为现实性。艺术领域的超现实性想象的主要作用则在于抒发情感，表达愿望，《窦娥冤》中的"三桩誓愿"是这样，《孔雀东南飞》中的浪漫结尾也是这样，其他类别艺术，如绘画史上毕加索的大量经过变形处理的绘画作品还是这样。

（二）语文教学中超现实性想象力的开发

在语文教学中我们要重视对学生的超现实性想象力开发。通常在我们的阅读教学中，教师都把大量的精力放到语、修、逻、文、字、词、句、篇的知识记忆和分析揣摩上。作文教学中我们可能偶尔让学生写过一些想象作文，但更多的时候我们所作的是写实性文章，我们很难接受学生在作文中闪现出来的离奇古怪的想法。殊不知，想象是学生的天性，超现实性想象力更是他们的所长。明白这一点，我们就不难理解科幻作品何以是学生们的最爱，《西游记》何以让他们百看不厌，郭敬民《幻城》一俟出版何以在他们之中产生轰动……另外，在作文实践中，我们也能最真切地感受到学生最乐于写、写得最好的作文类型不是别的，正是想象作文！

近些年来，特别是课程改革以来，语文教育界对于想象力的开发已有所重视，很多语文老师的观念已有所改变，他们一方面进行开发想象力的实践，另一方面把自己的经验上升为理论——这些工作虽然比较零星，但毕竟已经起步。值得我们重视的是，我们似乎尚未关注到超现实性想象力的独特地位和功能，这固然可以找出历史或传统原因，也可以说现实的语文教学似乎无暇顾及，但这些都不能成为我们怠慢超现实性想象力开发的理由。

其实，从课程资源的角度看，我们不乏可资利用的激发学生超现实性想象力的范本。大禹治水、夸父逐日、女娲补天是这样的范本，屈原的《离骚》、李白的《梦游天姥吟留别》、蒲松龄的《聊斋志异》等，也是这样的范本。问题是我们能不能自觉意识到这些资源的存在，能不能在语文教学活动的具体开展过程中有意识地充分利用这些潜在的课程资源，从开发学生的超现实性想象力的角度和高度来确立教学目标、推进教学进程……一句话，我们开发超现实性想象力资源是有的，但问题的关键是，我们能否充分利用这些资源激发和训练学生的超现实性想象力，这才是摆在我们面前的现实课题。

第三节　语文教育中怎样开发想象力

一、想象力开发系统化原则之横向系统

（一）横向系统之一：智力系统－非智力系统

就智力系统而言，应注重对观察力、记忆力、思辨力、注意力与想象力的协同开发，特别是思辨力与想象力的协同开发。

就非智力系统而言，应注重对兴趣、动机、情绪情感、意志与想象力的协同开发，特别是兴趣、情感与想象力的协同开发。

另外，人的生理系统以及整个社会大环境系统，是与想象力以及想象力所在的整个心智系统息息相关的环境要素或外围系统，因此，想象力的开发关涉上述智力系统、非智力系统方面，也涉及有关环境要素等外围系统的优化。

（二）横向系统之二：家庭－学校系统

家庭教育是教育的起点和教育"冰山"下的八分之七，也是想象力开发的起点和最值得重视的教育领地。

家庭活动的诸多细节和机会是想象力开发的最佳切入口，却往往被人忽视。比如孩子面对未知世界，他们天生爱提问，爱问是什么、为什么、怎么办，此时家长是不耐烦地回绝，还是直接给出答案，抑或是启发他们思考，都关乎想象力的开发。孩子爱听故事，家长会不会把故事，特别是中外童话故事、中国传统神话故事等精准讲给他们听，同时又在恰当时机让孩子复述或讲给家长听，在互动讲述中激发他们的想象力，也应成为家教中的重要话题。还有就是家长会不会有意识带孩子一起走进大自然，把大自然作为开发想象力的

宝贵资源，也是考验家长家教能力的很重要的一项，诸如此类。

学校则是开发想象力的主阵地。其最重要的责任是设计开发想象力的课程并推行、实施。

以我个人实践为例，主要可从两个方面着手建设想象力开发课程：想象力开发的学科渗透教学课程和想象力开发的专题教学课程。前者指基础教育各科均要承担想象力开发的任务，在各学科系列课堂教学中把它当作一项教学设计要素并在教学活动中贯彻落实，特别是在人文、艺术学科中，想象力开发要有突出位置，而在体育、劳技等学科教学中也务必渗入该目标。后者指通过选修课等形式，围绕一定主题，以想象力开发为教学重点而设计出的课程。我在高中年级高一阶段的第二选修课，通过"在语言的屋檐下"——文学鉴赏课和哲学思辨课曾对此种课程形式做过尝试。

二、想象力开发系统化原则之纵向系统

根据学生不同年龄阶段的认知特征，采取有梯度的、各有侧重的开发原则。

从学龄前儿童到小学、初中、高中全部基础教育阶段，要按"由想象力开发到思辨力开发，想象力与思辨力融合开发"的基本原则来设计想象力开发教育课程。具体讲，越是低学段越要以开发联想力与想象力为主，越是高学段越要以开发思辨力为主，从学龄前儿童到小学、初中的低学段在开发联想力和想象力时，要渗入记忆、理解、应用、概括、分类等低阶思维能力训练，高中特别是高二以后的高学段则要进一步强化训练分析、综合、评价、判断推理等高阶思维能力。

对低年级的学生，应特别注重再造性想象力、创造性想象力、超现实性想象力的开发，而对高年级的学生则要特别注重想象力与思辨力的融合开发。

各个学段的语文写作课，总体上按"从说话到写作、从记叙描述到议论说理"顺序安排教学。从思维训练上看，与阅读教学相一致，"想象力"与"思辨力"虽各有侧重，但总体上呈互渗互融状态。进入高中特别是高二之后，则重点强调对"思辨力"的能力训练和培养，可通过写作"理性思辨类"议论文来进行培养。

三、想象力开发的互动化原则

该原则主要指文学课程与艺术课程、人文学科课程与艺术学科课程以及这两类学科课程与科学学科课程的互动融合开发。

本质上，文学与诸艺术学科是相通的，这个联通媒介正是想象、想象力，因此，文学课与艺术课便可利用这种相通性来实现多媒介或跨媒介阅读，这在多媒体时代很容易做到，笔者上语文课时很多时候都是这样做的：在上文学作品鉴赏课时，可引入其他门类的艺术手段——绘画、音乐、建筑等，只是要注意把握边界，以文学文本鉴赏为主，依托文本信息充分调动学生想象，进而训练其联想、想象力，不可喧宾夺主，让图片、音乐等占主体，搞成四不像的大杂烩，比如可利用音乐《三国演义》主题曲"滚滚长江东逝水"作苏轼词《念奴娇·赤壁怀古》一课教学引子，图片"橘子洲"作毛泽东词《沁园春·长沙》讲解时的背景画，更多时候可以让学生在鉴赏时尝试画"心画"——根据文字，展开想象，获得体验。记得在高 2007 届学生学习《故都的秋》《荷塘月色》《纪念刘和珍君》《海上日出》等时，我都是和学生一起画"心画"，这几乎成为文学阅读课的一项常规活动。

文学写作课同样是开发想象力好机会。只是依托的载体不一定或不完全是文本，自然之物、人际社会或者其他非现实的"表象"积累都可以是创作的基础，以之为媒介，鼓励学生合理虚构，"思接千载，视通万里"。记得教高 2019 届 7 班时，有天早上天降瑞雪，见学生个个张望着窗外雪景，我告诉他们，今天我们把课堂搬到户外。整个早自习和第一节课，我们先赏雪景再描述所得，学生们忙得不亦乐乎，写出来的文字真真切切，生活味十足。

其他实用类甚至论述类文本教学，同样少不了想象力的训练，只是针对逻辑思辨力的训练较少，且是为理性分析服务，这与文学课有所不同。我于 2016 年参加成都市教科院第二十次名师送教到简阳中学活动，以《握住思维之缰——让任务驱动型作文议论更充分》为题，用《烛之武退秦师》的历史场景案例带领学生展开逻辑思辨，证明了想象力与思辨力融合开发的价值。获得现场听评课同行的肯定（教学实录见本书下编"笃于行"中第八章第一节握住思维之缰）。

四、想象力开发的其他原则

（一）随机性原则

开发想象力要从学习、生活细节做起。在日常生活、学习生活中，触发人的想象力的机缘无处不在，无时不有，教育者要敏锐地发现并抓住机会引导之、开发之，而不是忽视甚至无端击碎风光无限的想象之"梦"。

（二）变换思路原则

面对变化的对象和事件，人的思维很容易走常规老套路，这不利于想象力的开发，我们要尽可能放开来，从多维视角，发散思维，改变固有思路，寻找新的思维路径。

（三）接触新鲜事物原则

要不断扩大视野，见闻多多益善。想象力基于表象积累，而现实生活又是表象积累之源，因此尽力扩展生活天地，见多识广，才是开发想象力的根本。

（四）提问原则

疑是思之始，面对任何事物和事件，要有疑惑之心，有质疑的习惯，才能引发尽可能多的思考和想象。

（五）不轻易得出结论，尽可能留在过程中原则

面对人、事、物，有了疑惑或问题，要"思其智之所不能"，脑洞大开，张力满满，甚至天马行空……如此既享有过程之快乐，也必然获得充分开发想象力的成果。

（六）自信，乐观，少压力原则

这是对想象力开发的动力系统或心理环境要素提出的要求，开发想象力看似只是智力系统的事，但也需要人的积极心理因素做支撑。

五、想象力开发的方法尝试

（一）表象积累法

1. 表象及其数量、质量

所谓想象，其实就是表象的运动，其自发运动就是不随意想象（或无意想

象），其自觉运动就是随意想象（或有意想象）。前面所阐述的再造性想象、创造性想象和超现实性想象都属于随意想象，即表象的自觉运动。我们习惯上说想象力是思维的翅膀，而想象力也有自己的"翅膀"：表象的数量和质量。也就是说，只有保证了表象数量的充足和表象质量的充分，想象的羽翼才能扑腾、飞跃起来。

所谓表象的数量，就是指个别表象（即反映个别事物的外貌、特征，是个别事物在头脑中的形象）与一般表象（即反映一类事物的共同外貌、特征，是一类事物在头脑中的形象）的数量。当然按照别的分类标准，可以对表象另作分类，如作记忆表象与想象表象等划分，不过不管怎样划分，各类表象越丰富，想象的天地就越广阔，想象的成果——形象也就越丰富、生动和逼真，这是不争的事实。

所谓表象的质量，按照燕国材的说法，主要指表象的逼真性和概括性。前者指我们头脑中的形象无限接近客观物象本身，越是接近，则表象的质量越高，反之则越低；后者指我们头脑中的形象对客观物象主要特征的摄取，摄取得越多、越准确，表象的质量越高，反之则越低。同样，表象的质量越高，即表象越具有逼真性、概括性，想象就越有质量、越是容易取得成功。[①]

2. 艺术门类的沟通

一般而言，表象的形成和积累依赖于我们的观察力、注意力、记忆力和思维力的有机综合能力，也依赖于非智力系统的兴趣、动机、意志和情绪情感综合调控。换句话说，在包括语文学习和其他各科学习在内的所有学习活动以及其他日常活动中，亦即我们的一切日常活动中，我们的各种感官必然要摄取外界事物的信息，然后经过大脑加工改造，令客观物象着上人的情感、情思色彩，使之成为主客合一的意象或形象，这些形象、意象的保留就成为表象。也就是说，人的一切经验活动都是表象积累的活动，进而也就都是想象形成的基础。我们只要充分展开这些活动，并在活动中充分发挥各类智力因素和非智力因素的作用，注意积累经验所得，想象力就能够得以提升。

需要说明的是，我在这里是从语文教学的视角来谈想象力的开发的，因此有必要抛开常规思路、常规方法而从语言艺术与其他艺术门类相互关联的角度来思考想象力培养的方法，亦即从语言艺术的角度，从语言的画意性、音乐性的角度来思考和探讨表象的数量积累和质量提升的方法。事实上，从语言的艺

---

① 参见燕国材著：《智力因素与学习》，教育科学出版社 2002 年版，第 167 页。

术性——画意性、音乐性的角度来训练学生积累表象、开发其想象力，既符合语文教育自身的特点，也是积累表象的一条捷径。

3. 利用言语的画意性积累表象

汉语言有画意性，无论是文学的语言，还是日常语言都具有这一特性。所谓画意性，不能笼统地理解为形象性，其基本含义有二：第一，指诗歌或者其他类别的语言作品所体现出来的画面色彩、线条、形象主体和背景、人物姿态等绘画艺术的特征或特性。以诗歌为例，贾岛的《寻隐者不遇》"松下问童子，言师采药去。只在此山中，云深不知处"就具有这样的特征："问者""童子""松""山"和"云"共同构成一个画面整体，而"松"与"云"透露出色彩感信息。李白的《送友人》中，首联"青山横北郭，白水绕东城"与颔联"浮云游子意，落日故人情"一样具有这样的特征：名词性意象——"青山""北郭""白水""东城"与动词性意象——"横""绕"无一不具有画意性。第二，指这些绘画艺术特征背后潜藏的深远意境。

值得我们注意的是，言语作品的画意性指的并不是绘画本身。它"不能代替绘画，像绘画那样直接提供一种占空间的外在图像"[①]。这也即是说，言语作品的线条、色彩以及意境等不是明示的，而是潜藏在语言符号的背后或深处，是"暗示"和"暗指"的。正是因为有了这一特征，我们在阅读言语作品，玩味其"暗示""暗指"意味，揣摩其画意、意境时，正可以触发我们的联想与想象，而且由于言语符号暗含色彩的鲜明性和对比性、线条的明晰性、形象的丰满性、意境的深远性等特征，这使我们在阅读言语作品时，可以十分便利和高效地解决表象积累的数量和质量问题。

试用教学案例来说明。

案例一：毛泽东词《沁园春·长沙》的鉴赏教学。教学此词时，我们可将教学活动的主体部分放在对该词的画意的领悟上：前三句"独立寒秋，湘江北去，橘子洲头"展示出以寒秋为背景，毛泽东矗立天地之间，极目远眺的顶天立地的伟人形象的图画，即所谓"顶天立地图"；接下来"看万山红遍，层林尽染，漫江碧透，百舸争流，鹰击长空，鱼翔浅底。万类霜天竞自由"，则把浓重、鲜明、通透的色彩"红遍""碧透""鹰"（浓黑）"鱼翔浅底"（通透之色）和画面的主要形象"舸""鹰""鱼"写意在一个宏大鲜明的底子——"万山""层林""漫江""长空"上面，由此构成一幅有动有静、有远有近、有仰

---

① 张世英著：《哲学导论（第三版）》，北京大学出版社 2002 年版，第 203 页。

有俯、色彩对比鲜明、气势恢宏的立体图画，即所谓"湘江秋景图"；同样，根据下阕毛泽东对往事的回顾，我们也可以绘制两幅形象的图画——"峥嵘岁月图"和"浪遏飞舟图"①。整个教学围绕四幅图画展开，令学生留下深刻印象。

案例二：郁达夫散文《故都的秋》的教学。该文有这样一段描述性文字："在北平即使不出门去吧，就是在皇城人海之中，租人家一椽破屋来住着，早晨起来，泡一碗浓茶，向院子里一坐，你也能看得到很高很高的碧绿的天色，听得到青天下驯鸽的飞声。从槐树叶底，朝东细数着一丝一丝漏下的日光，或在破壁腰中，静对着像喇叭似的牵牛花（朝荣）的蓝朵，自然而然的也能感觉到十分的秋意。说到牵牛花，我以为以蓝色或白色者为佳，紫黑色次之，淡红者最下。最好，还要在牵牛花底，教长着几根疏疏落落的尖细且长的秋草，使作陪衬。"② 我们根据这几段文字，抽取出"破屋""浓茶""碧天""驯鸽""槐树""日光""牵牛花"等几个意象，从构图、形象和色彩几个角度想象绘制出一幅以蓝天为背景、牵牛花缀墙、断垣缝中几缕衰草、人在槐树下饮茶的凄美画面——我的学生还别开生面地把"驯鸽的飞声"也画了进去：他们竟能从饮茶人视角仰视天空中的飞鸟，把天上地下联为一个整体，真是太富有创意了！我们还根据文意，参照马致远《天净沙·秋思》创作出一则画面色彩极浓的"小令"：破屋浓茶小院，漏光鸽声碧天。秋草蓝朵残垣。落蕊满地，落寞人在故都。

案例三：朱自清散文《荷塘月色》与李乐薇《我的空中楼阁》的比较教学。朱自清的文风朴实，笔触细腻，在《荷塘月色》主体部分的第四自然段，作者用工笔描摹的笔调刻画月下荷塘、塘上月光相融相契的美妙景色：按空间顺序从上到下依次描绘荷叶、荷花、荷香与荷波，且对每一点的描摹都刻意从工，比如写荷花，作者先说"有羞涩的打着朵儿的""有袅娜的开着的"，再说它们"正如一粒粒的明珠""又如碧天里的星星""又如刚出浴的美人"，真是不厌其烦地着色，显得浓墨重彩！对荷叶、荷香和荷波的描写亦复如是。第五自然段则描写月光如"牛乳"下泻般的浓烈、鲜亮而又朦胧的奇特，以及树影印在荷叶上光感的强烈对比，极尽工笔兼写意技法之能事，活脱脱展示他用文字画画的水平。当然，其第六自然段也有大写意之神韵。因此，我们在教学时也要让学生慢慢品味，在头脑里画出属于自己的写意画——"荷塘月色"图，

①　人民教育出版社等编著：《普通高中课程标准实验教科书　语文1（必修）》，人民教育出版社2007年版，第3页。

②　人民教育出版社等编著：《普通高中课程标准实验教科书　语文2（必修）》，人民教育出版社2006年版，第7页。

同时，我又让学生把本文与李乐薇散文《我的空中楼阁》作比较，结果发现：如果说《荷塘月色》主要以工笔取胜的话，那么《我的空中楼阁》则以写意为特色——文中围绕"小屋"这个中心意象，写它与树、与山的融洽，它的围墙、它的"领土""领空"、它的交通、它的晨昏变化以及在其中生活的幻境、仙境般的感觉，主要使用的是大笔勾勒，与《荷塘月色》相异而又相映成趣。

案例四：鲁迅小说《祝福》的教学设计。本课教学设计，从三次对祥林嫂的肖像描写入手是一个捷径。三次肖像描写就是祥林嫂的三幅写真肖像画、三幅特写，而画面的前后变化，则与其人生际遇直接相关，两方面结合起来就构成这篇文章阅读教学设计的基本框架（见表3-1）。

表 3-1　祥林嫂大事表

写真之一	经历
头上扎着白头绳，乌裙，蓝夹袄，月白背心，年纪大约二十六七，脸色青黄，但两颊却还是红的。①	（1）春天没了丈夫；（2）做工不懈，力气不惜，口角有了笑影，白胖了；（3）被婆家抢走；（4）交了好运，嫁了贺老六；（5）再死丈夫。
写真之二	经历
她仍然头上扎着白头绳，乌裙，蓝夹袄，月白背心，脸色青黄，只是两颊上已经消失了血色，顺着眼，眼角上带些泪痕，眼光也没有先前那样精神了。②	（1）阿毛的故事；（2）除了烧火之外没有别的事；（3）额上的伤疤；（4）捐门槛。
写真之三	经历
五年前的花白的头发，即今已经全白，全不像四十上下的人；脸上瘦削不堪，黄中带黑，而且消尽了先前悲哀的神色，仿佛是木刻似的；只是那眼珠间或一轮，还可以表示她是一个活物。③	（1）成为乞丐；（2）灵魂的有无；（3）死。

教学中把人物肖像与其人生经历连贯起来，更加有利于学生积累有关祥林嫂的表象，从而深刻认识和把握人物特征与命运。事实证明，这样做带来的教

---

① 人民教育出版社等编著：《普通高中课程标准实验教科书　语文3（必修）》，人民教育出版社2007年版，第17页。

② 人民教育出版社等编著：《普通高中课程标准实验教科书　语文3（必修）》，人民教育出版社2007年版，第20页。

③ 人民教育出版社等编著：《普通高中课程标准实验教科书　语文3（必修）》，人民教育出版社2007年版，第15页。

学效果极好。

引导学生对文本的画意性解读还可以迁移到其写作活动以及对生活的感悟中，并反过来推进下一步的阅读与写作活动：对文本进行画意性解读时培养起来的敏锐的观察力、细致的体悟能力以及丰富的想象力，会被学生自觉或不自觉地用到他们的实际日常生活当中，以及以后的语文学习阅读活动和写作活动之中……这样周而复始地循环推进，我们就达到了通过文本阅读使学生积累表象，即扩展表象数量、提升表象质量，进而开发想象潜力之目的。

4. 利用语言的音乐性积累表象

汉语言不仅具有画意性，而且具有音乐性。因为"语言是有声音的，与音乐有共同之处，音乐比起绘画来更接近语言，因此，诗的语言之具有音乐性也比它之具有画意要更为直接"[1]。语言的音乐性不仅比其画意性更直接，而且弥补了画意性只能提供空间上并存的事物的外在形象，而不足以表达时间上的先后接续，不足以暗指精神境界节奏性的缺陷。

与画意性一样，语言的音乐性既表现在诗歌等文学语言作品中，也表现在一般语言作品中，还表现在日常语言中。在我看来，与语言的画意性所不同的是，音乐性似乎更为鲜明地表现在诗歌作品中，另外则是散文作品，尤其是诗化散文作品，其他作品中虽然也有表现，但远不及这两类作品表现明显。

黑格尔也说过："人的内心生活是回旋往复、震颤不停的。"[2] 因此，音乐适合于表现人内心的节奏感。富有节奏感的语言作品容易唤起读者内心的"共振"或"共鸣"，进而在我们心中留下深深的印记——我们正好可以利用这一特点扩大表象积累的数量，提升表象积累的质量。

试用教学案例来说明。

案例一：徐志摩诗《再别康桥》的教学案例。该诗的音乐性或音律美主要表现在如下几个方面：（1）首尾诗节的回环往复——"轻轻的"替换成"悄悄的"等少许的变动；（2）全诗的入韵；（3）每节句数、结构的一致；（4）顶真等修辞格的使用；（5）情感基调的兴奋而凄婉。在实际教学时，我们当然不能空泛地大讲这些，而是要在一遍又一遍诵读之中具体真切地感受其韵味，然后在学生渴望知道个中原委时才给予适时点拨。事实证明，这样做让学生感受非常好，他们告诉老师：读了《再别康桥》，自己走路都有一点儿"轻轻的""悄悄的"感觉和味道了。对诗歌韵律美的感受，可以在诸多诗歌和诗化散文的鉴

①　张世英著：《哲学导论（第三版）》，北京大学出版社 2002 年版，第 202 页。

②　转引自张世英著：《哲学导论（第三版）》，北京大学出版社 2002 年版，第 202 页。

赏中得到强化，例如，在戴望舒的《雨巷》、闻一多的《死水》、普希金的《致大海》、裴多菲的《我愿意是急流》、海子的《面朝大海，春暖花开》和朱自清的《春》等作品的教学中，都可如是而为。

案例二：李乐薇《我的空中楼阁》的教学案例。该文像一支基调明快、跳荡的乐曲，但由于句式的整散结合、句子偶尔的入韵、情感的细微变化等，全文读起来或舒缓，或急促，或轻快，或炽烈，或深情……把握住了这些，再让学生全身心地投入其中，去朗诵、去感受，其味无穷。

选入教材的经典作品，具有音乐性的不在少数，这些都积累表象的教学资源。同样地，对文本的音乐性解读也是可以迁移的。前面我们说到学生读诗后走路的感觉就是一个证明，如此坚持不懈地培养下去他们对生活中声响的注意、对节奏和韵律的体味自然会敏感得多，想象起来也就容易得多，丰富得多。

（二）思辨导引法

1. 思辨与想象

广义的思维包括想象，也就是说，想象力是思维力的一种。我们这里所说的思辨和想象是相互区别、相互对待的两个概念：思辨特指以逻辑思维、哲学思维等为主的思维形式，其基本的表现形式是概念、判断和推理，而想象则主要指形象思维，它与表象、联想等思维形式相关联。可见，大致说来，思辨和想象的关系可以说就是抽象思维和形象思维的关系。按燕国材的说法，上述二者的表现形式之间也存在关联。表象是单个的，好比抽象思维的概念；联想是两个表象的联结，好比抽象思维的判断；想象是联想的联想，类似于抽象思维的推理。[①] 我们都知道，从生理科学上讲，左脑主导着抽象思维，右脑主导着形象思维，而左脑和右脑又不是截然分开的，它们又是密不可分、协同互动的，由此而形成人的健康心理、推动人思维活动的协调发展，使我们成为"全脑"的人、健全的人。

思辨和想象是相互关联又互相区别的心理形式。前者的基本特征是趋同和求同，后者的基本特征则是求异和创新，二者可以相反而相成，换句话说，可以相互促进，当然也可能相互促退，我们自然是要利其用而制其弊，使它们互相促进。有人说，思辨与想象二者合二为一、有机结合便构成创造性心理的有机统一体，笔者十分赞成这一说法，诸多教学实践充分印证了这一点。想象固

---

① 参见燕国材著：《智力因素与学习》，教育科学出版社 2002 年版，第 169 页。

然可以天马行空般地驰骋，但少了思辨的介入，想象就会漫无边际地"跑野马"，进而不知所终，产生不了思维成果。因此思辨之于想象，就像跑道之于运动员、高速路之于汽车、铁轨之于火车，是不可或缺的，甚至是根本性的。思辨决定着想象的方向，为想象之帆导航、为想象之翼定向。开发想象力的时候切记要促进二者的协同开发和发展。

2. 思辨力与想象力的协同开发

我们所说的想象力与思辨力协同开发，主要指的是思维方式的联动。而思维方式，简单地说就是一种多次使用的思想。马正平先生说，思维方式的本质是一个时空情绪的问题。当一个人有高远的空间感追求、流动的时间感追求时，他必然产生一种整体的、立体的思维方式。这种思维方式是他时空情绪在思维运动中的必然反映和表达、证明。按马先生的观点，时空情绪或时空思想也就必然投射到想象力的开发上来。① 下面用实例来说明这一问题。

先举阅读教学的案例。

案例一：毛泽东词的几首词。《蝶恋花·答李淑一》："我失骄杨君失柳，杨柳轻扬直上重霄九。问讯吴刚何所有，吴刚捧出桂花酒。寂寞嫦娥舒广袖，万里长空且为忠魂舞。忽报人间曾伏虎，泪飞顿作倾盆雨。"② 我们指导学生鉴赏时，如果抓住词中的空间逻辑——天上人间，就很容易让他们读懂该词：上阕第一句是人间发生的痛苦事实，第二句到下阕一、二句则想象烈士的灵魂飞升上天而受到礼待，下阕最后两句则把天上人间连在一起。这样，学生就知道诗人想象力展开的脉络。其《采桑子·重阳》则是沿着时间的逻辑展开想象的："岁岁重阳"是往常，而"今又重阳，战地黄花分外香"以及"一年一度秋风劲，不似春光。胜似春光，寥廓江天万里霜"却是写现在。其实，像毛泽东的《沁园春·长沙》又何尝不是在时空构架下展开思路的：上阕讲现在，下阕回忆过去，是时间概念；现在里面又从天空到水底，是空间概念，下阕的回忆里当然也没缺少空间概念框架的存在。

案例二：陈子昂《登幽州台歌》的教学。陈子昂一诗只有四句"前无古人，后无来者。念天地之悠悠，独怆然而涕下"③，却成为千古绝唱，这不是偶然的。正是宏大的时空架构造就了它宏大的气象，作者是站在时间和空间的

---

① 参见马正平著：《高等写作思维训练教程》，中国人民大学出版社 2002 年版，第 171~186 页。

② 杨宪金编：《毛泽东手书真迹（上卷）》，西苑出版社 1998 年版，第 275 页。

③ 中央广播电视大学文学教研室古代文学组选注：《中国古代文学作品选（中）》，北京大学出版社 1987 年版，第 29 页。

交汇点上展开思路的，而我们也就能在时间和空间两个维度上展开想象，从而获得审美体验和人生体悟。

再说写作教学。学生作文与作家进行文学创作的基本原理是相同的。写作文或创作时，作者的思路展开路径可以是多种多样的，但基本的心智模型却是：时间的、空间的、因果的、主次的、主客的和情感的等，其中时间和空间是最基本的展开方式。不管怎样，在作文或写作的展开过程以及这种活动过程的成品——作品中，所流露出来的思路一定会有思辨或逻辑的维持，是确定无疑的。换句话说，一切想象活动中必然有思辨、逻辑存在，它的存在规定了想象等心理形式推进的方向，避免了由于逻辑缺失而可能出现的想象失范和混乱，从而保证了想象内容、思想内容的顺畅表达并被顺利理解和接受。

值得再强调的是，时空框架只是诸多思维框架的一隅，规范想象力的思维框架还大量存在，对这个问题，如果我们展开更广泛、更深入的研究，无疑会有利于人的发展、有利于想象力的开发和培养，因此，有必要进一步开展工作。

(三) 兴趣与惊异开启法

1. 兴趣、惊异与想象

兴趣是力求认识、探究某种事物的心理倾向，是人对客观事物的一种内在趋向性和内在选择性。兴趣以需要为基础，是对客观事物需要的一种情绪色彩的表现。一般说来，兴趣这种倾向是和愉快的情感体验相联系的。有人根据认识兴趣的深度、范围和稳定性将其分为初级水平（有趣）、中级水平（乐趣）和高级水平（志趣）。

惊异即好奇心，是人们积极探求新奇事物的一种心理倾向，是人类认识世界的动力之一。惊异不等于兴趣。它比较广泛，没有明确的方向，对任何新奇的事物人们都会好奇和惊异，兴趣则不然。惊异一般容易满足，一般是由对事物的某种疑问引起的，疑问一旦消除，惊异也就消失。兴趣则不然，不一定由疑问引起，即使某些兴趣是由疑问引起的，它们也不会因疑问的消除而失去；相反，有可能随着疑问的解除，兴趣会变得更加浓厚。

惊异是兴趣的先导，而惊异和兴趣又是想象的先导。一切有成效的工作必须以某种兴趣为先决条件，想象力的开发工作自然也不能例外。事实上，兴趣、好奇心与惊异和想象是孪生姐妹。因此我们在开发想象力时可以从疑问入手，想办法激起学生的惊异感、好奇心，从培养他们对想象的兴趣入手，进而达成开发想象力的目的。

2. 激起惊异、培养兴趣与开发想象力

激发兴趣、激起惊异感的手段和方法是多种多样的，比如：（1）用激疑的方式。"学起于思，思起于疑"，疑是思辨和想象的导火线，设悬、质疑能诱发学生开拓思路，引起强烈的释疑解惑的欲望，诱发他们兴味盎然地想象和探求。（2）用形象生动的语言的方式，包括恰当使用肢体语言。（3）创设必要情境的方式。（4）情感激发的方式。诸如此类。具体的方式方法是列举不完的，其中，有一个基本原则：具体的教学过程中要让学生始终保持兴奋的心理状态，始终在兴味盎然中学习和想象。学一篇课文，就要使学生从接触到课文学习终了都处在这种状态。上一节课，就要使他们从导入到下课都保持这种状态，虽有难度，但一定要勉力为之。下面就用一个案例从"课堂教学导入—课堂教学进行—课堂教学结束"角度阐述这一话题。

教学案例：《荷塘月色》的教学。导入时，将封面上写有"走向清华北大"字样的参考书出示给大家，说：考大学是我们的理想，考清华北大更是我们一些人的梦想，清华北大是令人魂牵梦萦的地方，朱先生一度在那儿执教……在学生们充满种种想象的时候导入对作者的有关介绍，使学生们兴味盎然。教学活动进行中，主要在两个环节上激趣、激发想象：一是在诵读阶段，让学生听配乐朗诵或老师范读，引起他们的兴趣；二是在欣赏第四、五、六段所展示的画面美的时候，运用各种手段充分调动学生想象，比如讲到"曲曲折折的荷塘上面，弥望的是田田的叶子。叶子出水很高，像亭亭的舞女的裙。层层的叶子中间，零星地点缀些白花，有袅娜地开着的，有羞涩地打着朵儿的；正如一粒粒的明珠，又如碧天里的星星，又如刚出浴的美人……"[①] 可让学生们联想中央电视台的舞蹈节目，演员们用大块的绸质物，以身体的微微抖动加上灯光效果来表现水面以解读"弥望的是田田的叶子……"甚至用转体跳的滑稽动作来诠释"亭亭的舞女的裙"……课文教学结束时，让学生探究：朱先生的"淡淡哀愁"究竟是社会生活的投影呢，还是私人生活所致？使整个学习在悬念中结束，在疑问中想象……

（四）情感推动法

1. 情感与想象

情感是非智力因素的重要方面，是人对客观事物或对象所持的态度的体

---

① 人民教育出版社等编著：《普通高中课程标准实验教科书　语文 2（必修）》，人民教育出版社 2006 年版，第 3 页。

验。在人的共性心理过程——知、情、意，即认识过程、情感过程、意志过程中，它是鼎足而三的三大要素之一。这一心理因素不仅深深地影响兴趣、动机、意志等非智力因素，而且有力地调节、调控着包括想象在内的感觉、知觉、记忆、思维、注意等智力因素。

情感和想象之间是相依相伴、双向互动的。一般说来，适度的积极情感力量会推动着想象活动的不断展开、调控着想象活动展开的节奏和频度。想象也可以带动和强化情感体验。

2. 情感与想象力的协同开发

首先是再造性想象力开发中，二者的协同开发。一般说来，再造性想象时较少有情感的渗入，但既然说少，那就是说肯定还是有的，只是与创造性想象、超现实想象中的情感活动比较起来，显得不那么突出。以阅读教学为例，首先要求学生透过文字符号，在感受文章的音韵美和画意美、意境美的基础上实现自己情感与作者情感关联，与作者感情共鸣。

其次是创造性想象力开发中，二者的协同开发。以作文教学为例，它不仅要求学生在写作时要投入情感，而且要求他们必须投入最真实、最深厚的情感，如果学生这样做了，他的文章就一定会显示出很大的创造空间，并激发读者的无限想象力。反之，如果学生感情虚假或感情苍白无力，就不仅会使自己的写作难以进行，写作出的东西毫无意义，也会使读者在读他的文章时感到味同嚼蜡、想象力受到约束而失去阅读兴趣。

最后是超现实性想象力开发中，二者的协同开发。这种想象对情感的要求最高。比如读庄子的《逍遥游》时，学生以及某些老师都感到无所适从，原因就在于他们没有庄子的身与物化、心与天地相通的情感体验。而写作超现实的想象作文时，学生与其说是在练就虚拟的本领，莫如说是沉浸于超乎寻常的情感体验之中。

（五）想象力开发的优化法

1. 生理优化法

我在文章《语文教师的艺术思维特质》中说过：思维是一个疑难话题，因为与之相关的人脑是一个"黑箱"。的确是如此，到目前为止，似乎可以说，人们对人脑的了解远不及对电脑的研究。究其原因，在于人们不能像拆卸电脑那样随意打开和拆卸大脑，只能通过做动物实验来间接得知人脑的结构肌理、功能状况，因此人们对自己大脑的了解实在是太有限了。不过，自19世纪以来，人们通过大量动物实验和裂脑人等人体实验研究以及大量观察研究，得出了一些有关人脑的基本结论，比如，人脑是人的思维、想象的物质基础或生理器官，两侧大脑半球之间并不是优势和劣势、主导和从属关系，而是分工和合作关系，等等。这就为我们探寻思维规律包括想象的生理基础提供了研究依据。

20世纪80年代，钱学森在我国首倡思维科学，将人的思维分为抽象（逻辑）思维、形象（直感）思维和灵感（顿悟）思维三种。他特别强调研究形象（直感）思维的重要价值，主张把形象（直感）思维作为思维科学的突破口。在他的推动下，有关思维规律和脑与思维关系的研究引起了人们的广泛注意。通过探讨，人们较为一致地认为右脑在形象思维方面占据优势，这是我们可以接受的基本结论之一。这就是说，想象力的生理基础在右半脑，开发想象力就要开发右脑。

大致说来，如下几种右脑开发方法是有效的。

音乐、图像训练法。据记载，日本僧侣空海曾登阿国（现在的德岛县）大潼之山岳、攀土州（现在的高知县）室户之海角勤修。尽管遭遇波折，但他勤于修行，最后功成圆满之日，遇空谷回音、明星乍现……如法所传，出现异象，成就了法。这里说的虽然是修行之事，但我们可以用"空谷回音""明星乍现"等音乐图像方法和手段来训练学生的右脑、激发他们的想象力，从而实现与文本的互动。

营养补给法。思维和想象的物质基础是人的大脑，而人脑的存在和运动除了有人在降生时源自父母的先天生理承续，后天营养物质补给也是相当重要的因素，应给大脑适时适量提供优质物质养料，正如营养学家通常所说的，在我们的饮食里适量补给豆类物质等营养成分大大有益于大脑发育，这是值得重视的意见。

2. 教育优化法

前面笔者已经说过，语文教学活动过程是开发和培养想象力的主渠道。就是说除语文以外的其他学科照样要承担开发想象力的任务。进一步说，所有教育活动中都要贯穿想象力的开发、为培养学生想象力服务。因为想象力是作为心理潜力、人性资源而存在的，教育的根本任务说到底无外乎就是要把存在于每一个生命个体的潜力不断开发出来，把存在于其中的资源充分利用起来。因此我们特别主张从教育的中观层面，从各学科联系的角度来开展想象力的开发和训练。下面是笔者的几点思考：

第一，除语文教育之外的各学科要把想象力培养和开发当作该学科教育的应有之义，在本学科教学的目标设定、过程推进、教学评价等方面都给想象力开发和培养留足位置，防止想象力开发出现空档。进一步讲，还要注意学科之间在想象力开发方面的互联互动，形成一种联合开发的态势，避免孤军作战的尴尬。

第二，合理利用想象力开发的当代最新工具和手段，特别是现代教学手段——多媒体。客观地讲，多媒体在教学领域的运用是一种必然选择，也给教师的教、学生的学以及整个教育带来了生机和活力，对于语文教育的功用是不可抹杀的，比如在减少教师的板书量、扩大课堂容量等方面起到了举足轻重的作用。同样地，多媒体对语文教学中想象力开发有其独到功能：其容量大的特点可以突破课堂局限、学生生活范围和知识面的制约，丰富他们的感性经验和表象积累等。

但多媒体运用也出现了一些问题：片面追求形式和花样的翻新而不注意与教学内容的关联，过多的多媒体技术图片展示，把多媒体教学变味为图片展示课从而使学生思维平面化、浅表化……总之，多媒体作为教学辅助手段变成喧宾夺主的"主角"，这样，本该由学生读文展开想象的地方，却被满眼图片、各种各样声响干扰，从而阻碍想象力的开发。

为了适应想象力开发需要，语文教学中使用多媒体应注意以下基本原则：即是使用多媒体只能呈现给学生想象的材料，辅助学生形成想象所需的表象，而不能代替学生进行想象。

3. 社会环境优化法

正如前面已经论述的，想象力开发问题绝不是一个简单的智力开发和心理学问题，也不是单一的教学问题，而是人的发展问题、社会问题、哲学问题等。因此在思考想象力开发这一话题时，要有大的眼光、宏观视野，有必要从整个社会大环境上来为语文教学和各学科教学想象力开发营造良性环境。粗略说来，要创造适于想象力开发的审美化生存社会环境。一个太过物质化、太过低俗化、太过技术化的社会不利于想象力开发；相反，人们生活里充满诗意、幻想和情调——换言之，只有审美化生存的社会环境和氛围才适于想象力的培育。要建设一个适于想象力开发的创新型社会环境。创新就是求异，求异适合想象力开发需要；反之，趋同与齐一必然扼杀想象力。要营造个性化生存的社会氛围，鼓励社会成员勇于追求适合自己的个性化生存方式。要造就一个开放活跃的社会环境，封闭与保守不适宜想象力的开发。

第四章　思维才是力量

第一节　学生的启发

高 2004 届几位优秀学生写作的成功，启发我把想象力和思辨力联系起来思考。聂同学（日本东京大学博士，清华大学博士后，四川大学物理学院副研究员）、赵同学（澳大利亚墨尔本大学硕士，上海跨国公司高级主管）、康同学（西南财经大学毕业，上海跨国广告公司高级主管）、刘同学（2004 年语文高考 134 分，郫都区语文单科第一）等人的作文，高考前基本稳定在 52 分以上。我发现，他们的文章都有一个共同点——散文诗倾向，即在精短的 800 字左右篇幅的议论文里，做到亦情亦理，既有广阔的思维空间、充溢着情感，又不乏厚实的内涵、独到的见解和缜密的逻辑。

这启发我思考并得出结论：充沛的情感推动着想象力展开，而深刻的见解则是理性思辨的呈现。于是另一扇窗户就此打开，语文教育研究多了一条路线——想象力与思辨力融合教育研究。

我曾向各路智者求解，细读张世英的《哲学导论》、朱光潜的《诗论》、龙协涛的《文学阅读学》、傅修延的《文本学》、金开诚的《文艺心理学概论》、贺志朴的《艺术教育学》、吕景云的《艺术心理学新论》、吴格明的《逻辑思维与语文教学》等著述，体会颇深。

同时，在课堂和各类教学活动中，我注意渗透想象力和思辨力融合教育的训练。在高 2007 届、高 2010 届、高 2013 届所教班级的课堂教学中，我均把诗歌作为训练想象力和思辨力的主打文本，从文本模型探究到课堂活动展开等做了系列尝试，形成了较为成熟的原创性研究成果。在此基础上又进一步向散文、小说、戏剧以及实用类文本迁移和拓展，形成各类文本训练的思维模型。我还指导他们利用读报活动等零星时间，自主开展经典诗文鉴赏活动，以强化和巩固课内成果。2013 届高一时，我为全年级学生开设第二选修课——"让我一起乘上语文思维的快铁"，反响良好而强烈。2011年下半年，我参与了成都市教育科学研究院教师发展中心的精品菜单培训课程——高中语文思维训练系列课程的教学，该系列课程先后共邀请八位教师为市内高中语文教师献上思维训练阅读研究课和写作研究课，受训教师参与度广泛，其中，我本人作了"诗与思：换个角度看语文"的主题讲座，获得参与者和市教科院领导专家好评。

这一阶段的研究成果包括论文《想象力开发的现实价值思考》（2005年3月发表于《文学教育》）、《一双慧眼看世界——略论苏轼审美的人生态度》（2006年6月发表于中国人文社会科学核心期刊《兰州学刊》），主编校本教材《语文》（初高中衔接教材）、教学用书《语文》（大众文艺出版社出版）、学案《学本·语文（必修1-5）》，主研子课题"语文教育诗哲化研究"（北京师范大学天津附中主研的国家级课题）、"新课改背景下的高初中衔接教学研究"（成都市教育科学研究院规划课题）、"语文教育中想象力开发的推广实验研究"（区级名师课题），主编学生优秀文集等，这些成果都一以贯之地坚持了想象力和思辨力融合教育的研究主线。

值得一提的是，伴随语文思维教育学科研究与想象力和思辨力融合开发研究，我同时开展了有关心理人格、道德人格、审美人格的研究，形成了"人格建构"研究系列成果，其物化成果是论文《关注中学生中的心理弱势群体》《教师健康心理人格的几个特征》《学生心理人格与育人》《让"开疆拓土"PK"经营瓶花"》《让学生为学习知识而惊奇——中学生厌学心理及其对策》《现当代哲学几个核心理念与学校德育》《男生教育：我们遭遇的一个难题》《内省：学生成功的路径》《感恩教育·平等教育·爱的教育》《小伙子：感谢你的谢谢》等。此外，我参与成都市教育局《成都市中学学生文明行为习惯养成教育活动课程标准》的拟定，获得"方案优秀起草人"称号。

围绕"想象力与思辨力"融合教育这一研究主线，我先后对"思维与思想""想象与思辨""思维的中介作用""底层逻辑""框架思维""诗与思""思维教育课堂"等一系列议题有了自己的思考，形成了"思维才是力量""知识还是力量"的基本判断。

第二节　思维与思想

"思想"与"思维"，一字之差，内涵差异却很大。思想，英语里通常表达为"thought"；汉语中虽可作动词，用"思"和"想"分而释其义，表达"思考""思索"等意思，但多数语境下仍表达名词意义，指客观存在并反映在人的认识中，经思维活动加工而产生的结果。

思维，英语中一般对应为"thinking"。"维"字英语解释有：（1）tie up，hold together，维系。（2）keep maintain，preserve，维持。（3）safeguard，defend，uphold，维护。（4）dimension，dimensionality，维数。[①] 汉语中，"思维"主要与"思考""思索"同义或近义。其语素"维"在《说文解字》里释为"车盖"。[②] 在《辞海》里注明有系物大绳之义，[③] 如"地维"一词中的"维"，比喻一切事物赖以固定的东西。《楚辞·天问》中的"斡维焉系？天极焉加"[④] 和词语"纲维""四维"中的"维"用的都是这一意义；《管子·牧民》里有"国有四维，一维绝则倾，二维绝则危，三维绝则覆，四维绝则灭"，"四维不张，国乃灭亡"[⑤] 之说，用的也是这一意义。而《史记卷十六·秦楚之际月表第四》中有"维万世之安"[⑥] 的表述，这个"维"通"惟"，有考虑、计度之义。

打通中英文，我发现思维所指，有两点值得关注：一是有用连接物来建立框架、维系整体以及维度、角度之意义；二是前述的动词意义，一般指人接受信息、存储信息、加工信息以及输出信息的活动过程，是概括反映客观现实的过程。

从对思维、思想二词的语义略探可以看出，思维侧重表达的是过程、途径、手段、方式、方法，是动态的、具体的和生动的；思想则侧重表达的是结果、结论、成效、收益、回馈，是静态的、凝固的和固化的。

区分思想与思维的教育教学意义在于，其能够帮助实现从思想结论传输式的僵化传统模型向思维过程还原的动态生成模型的转变，即由传统僵硬的知识教学转向素质教育，进而实现教育教学的根本变革，由"知识就是力量"转向"思维才是力量"，同时坚持"知识还是力量"这一经典论断，在这两个基本观念的烛照之下，语文教学会发生全新变革。

---

① 北京外国语学院英语系《汉英词典》编写组编：《汉英词典》，商务印书馆1985年版，第716页。

② ［汉］许慎撰：《说文解字》，中华书局1963年版，第276页。

③ 辞海编辑委员会编：《辞海》，上海辞书出版社1977年版，第1262页。

④ 黄寿祺、梅桐生译注：《楚辞全译》，贵州人民出版社1984年版，第55页。

⑤ ［春秋］管仲撰：《管子》，北京燕山出版社1995年版，第20页。

⑥ ［汉］司马迁撰：《史记》，中华书局1959年版，第760页。

第三节　语文思维教育的主脉：想象与思辨

长时期以来，思维概念的使用很混乱。思维，这一概念有大与小之别、广义与狭义之分。所谓大思维，即广义思维，指人面临对象世界时引发的思考活动，包括形象思维和抽象思维两大思维活动形式。所谓小思维，即狭义思维，也即"理性思辨"。此处，我们把狭义思维，即抽象的理性思辨与联想、想象、直觉等形象思维形式相对举，将二者合为广义的大思维概念来进行陈述。

人是理性动物。人的理性体现在思维上，大体说，一则是其逻辑理性或逻辑思辨力，二则是其哲学思辨力或终极思辨力。前者属于"工具理性"，保证人的思维轨道正确、逻辑缜密以及人与人之间交流的顺畅；后者属于"价值理性"，满足人对人生意义与价值的追问，保证人之为人，给活着一个理由。

同时，人又是感性动物。观察人的生活，现实的人其实更多地生活在"别处"，而较少时间活在所谓真正的"当下"。这个"别处"包括过去的世界、将来的世界以及"别的"诸多不属于当下、现场的世界，比如孩童对于成人世界等未知世界的向往、壮年人对于事业前景的拟想以及老年人对于自己往昔的温暖记忆等。没有了这种向往、拟想和记忆，人的生活便会黯然失色、没有光亮。

同样，一个国家对于本民族所谓发展蓝图和愿景的描绘与勾勒，其实就是要激发人们对于将来的想象力，进而引导本民族走向"别处"，奔往辉煌的愿景和理想！人类上天入地，对宇宙、海洋等宏观世界和质子、中子、夸克等微观世界的探索，无一不是人的想象力天性的展现！而个体所做的人生理想、学业或工作规划，其实质都是现实中人们"神游"将来、预构明天并由之激励当下行为的举动。

而我们的教育对象——孩子们之所以对网络、游戏等虚拟世界如痴如醉，我想与虚拟世界能满足人生活在"别处"的欲求，亦即满足人的心智潜能——想象的需要恰好相关；而我们所见诸多学业成绩不佳、学习状态不好的孩子，大多数情况并不在于其存在智力问题、知识基础问题，而恰恰在于学业动力不够、兴趣不浓，说到底，是他们对学业前景、学习目标乃至人生归属缺乏想象力而已。

可以说，想象力无处不在。没有想象力就没有人生。张世英说：人天生都是诗人，每个人都有诗兴。① 因为想象力是诗、诗人的特质。

想象力和思辨力从属于人的智力系统，是思维的两大"主脉"，二者相融相洽，又相克相生，亦即一感性，一理性；一抽象，一具体。其背后对应非智力系统的情感和理智，复合生长而形成情感与理智健全、和谐发展的人和人格。

中国教育史上，大致说来，以孔子"诗教"传统为起点，开始想象力的自在开发，时断时续，草蛇灰线，得到延续，而对思辨力的开发与关注，虽有墨子的"三表""三法"②为发端，但之后却乏善可陈。西方人早就认定想象力是人类的基本属性。A．F．奥斯本说："古希腊人提出了联想的三个定律。这三个定律是：接近性，相似性，对比性。"③ 梳理出联想和想象的三种基本模型，至今被人们引以为据，做相关研究。

至于思辨，更是他们的强项，从苏格拉底到柏拉图、亚里士多德、康德、黑格尔、海德格尔、伽达默尔等，诸多思想家，极力构建自己的思辨体系，有属于自己的思辨王国，可以说，西方思想文化史就是一部思辨史。

更引人注目的是，西方人较早地研究了想象力和思辨力的相互关系。以美国人A．F．奥斯本为例，他不仅注意到想象力因不同职业、不同地域、不同处境而不同，他还说："分析可以提供一些增加设想、提高想象力的线索。相反，在进行分析的时候，想象又对分析起着指导作用。"④ 显然，他已经注意到想象力与思辨力之间的互动关系及相互作用。

中国人重"思想"研究而少"思维"研究。作为一个有着"诗教"传统的国度，中国有有关想象力的海量思想文本，但对想象力和思辨力的思考与研究，仅散见于《文心雕龙》《诗品》《诗词例话》等的文论、诗话之中。

虽然"五四"之后中国人对思维的研究日益增多，如梁漱溟著有《中国人理性早启的人生》，内有专章谈"中国人的理性"；黎鸣《学会真思维》一书否定《论语》等传统经典独断论式思维，认为学会思维最重要，等等。但中国人在对思维训练的学理基础探究以及思维培养方式方法的系统而深入研究方面，还给我们留下了太多值得努力探究的空间与空白点。

---

① 张世英著：《哲学导论（第三版）》，北京大学出版社2002年版，第131页。

② 方勇译注：《墨子》，中华书局2015年版，第286页，第295页。

③ ［美］A．F．奥斯本著，王明利、盖莲香、汪亚秋译：《创造性想象》，广东人民出版社1987年版，第144页。

④ ［美］A．F．奥斯本著，王明利、盖莲香、汪亚秋译：《创造性想象》，广东人民出版社1987年版，第135~136页。

大家容易认同的是，进行文学教育必然要培养学生的想象力。因为想象力是文学的生命，它既是文学的手段也是其目的，按艺术学论者贺志朴的观点，文学其实就是想象的艺术。但我们往往忽略了思辨力在文学教育中的重要性。事实上，思辨力在文学中通常与想象力融合在一起：一是为想象力勾勒轨道；二是以哲思形式参与想象，深植于形象之中。

想象力通常由人的情感驱动，而思辨力则由人的意志力或理智驱动，二者相辅相成，互联互动，共同构成人的心理人格，如果协同发展，便能形成良好的个性、健全而完善的自我人格以及创造性人格。因此，"想象（力）"与"思辨（力）"的融合教育，切合人性本质，值得高度重视。

第四节　语文思维教育的底层逻辑：形象和概念

一、"人说话"与"话说人"

2023年某天一节课开场白，我突发奇想在黑板上先写下"人说话"三个字，彼时学生们还没什么反应，但当我又写下"话说人"三个字时，他们却瞪大了眼睛。而接下来就很顺畅地进入了课堂教学。

其实，"话说人"这句话还可以表述为：语言与人的存在同一。或者用海德格尔的话说：语言是存在的家园。①

我以为，"话说人""语言是存在的家园"与"语言与人的存在同一"这三句话所表达的理性意义是相同的，即语言反映人的品性、个性、本性，但细致分析起来，它们的语言表达方式又有不同："话说人""语言是存在的家园"用的是形象的、比喻的方式，而"语言与人的存在同一"用的是直白的、概念的方式。因此，它们分别代表了人类语言表达的两种最最基本类型：形象式（化）语言表达和概念式（化）语言表达。这也是人类思维的两类最最基本类型。

---

① 参见海德格尔著，熊伟、王庆节译：《形而上学导论》，商务印书馆1996年版。海德格尔在该书第51~52页说："因为语言的命运植根于一个民族对在的无论何时的关联之中，所以，在我看来，询问在的问题与询问语言的问题在最中心处相互交织在一起。"

二、形象与概念

盛洪在他的《理解复杂：降维和升维》一文中表达了一个核心观点：语言就是将人类所要处理的复杂对象降维表达，以极大简化的表达，便于思考、交流。他认为汉语书面语是用象形文字以简单模拟对象的方式形成的。他还说艺术之于复杂世界都是降维表达：绘画是二维表达，雕塑是三维表达，电影是四维表达，等等。①

我们把盛洪的几个主要观点合并起来思考，不难得出两个基本结论：一是较之于绘画、雕塑、电影等艺术形式，以语言文字为载体的语言作品或线性文本是我们理解和走向复杂对象——人、自然以及整个世界的最简化方式，即书面语是线性一维表达。二是汉语作为一门独特的语言，除具备"一维表达"的基本特征外，还因其记录语言的载体是"象形文字"而具备"一维表达"以外的特征。

所谓"一维表达"，即以概念为基本单元的直白的、理性抽象的言语表达。这一表达之所以成为人的"主流"言语表达，根本原因在于人的理性本质。人既是感性存在物，但更是理性存在物，概念式（化）理所当然是人类思维最最普遍、最最基本形式，"一维表达"自然也是言语表达的最最普遍、最最基本形式。

而汉语这个"一维"之外的特征，显然就是"象形"或"象"了。可以这样说，"尚象"是中华先民精神世界的思维特质。《周易·系辞上》说，"书不尽言，言不尽意"，"圣人立象以尽意，设卦以尽情伪，系辞焉以尽其言"②。其后数千年的"诗教"传统，无疑累进叠加并固化了"尚象"的特质，最终成就了区别于其他民族"一维"思维的中华民族优势思维特质，即富有"诗意""画意"的，甚至可谓"二维表达"的汉语思维及言语表达特质。

这种超出"一维表达"的独特的汉语思维方式，其基本单元或逻辑起点、底层逻辑就是形象或意象。经由表象、联想、想象等思维操作，形成了独属于自身特色的言语表达方式。

我们祖先的智慧不仅在于优化了自己的思维方式系统和言语表达系统，还在于他们意识到自己这个思维、语言"系统"的局限性。他们认为"书"（文

---

① 参见盛洪：《理解复杂：降维和升维》，《随笔》2022年第6期，第26~35页。

② 杨天才译注：《周易》，中华书局2011年版，第599页。

本、文字）不等于言语，言语又不等于心意，就是说相对于复杂的心意，文本、言语只是简化的、降维的承载。同样，"象"比之于"意"也是简化的、降维的载体。

我们祖先中的精英还从制度上对自己"尚象"的思维方式予以约束。科举时代考试一直以经义、策论为重，表明其考查重心在于学生理性思维品质，唐代开设"博学宏词"科，唐宋两朝虽有实行，后趋于冷落，清代也仅康熙、乾隆间两次开设，所试为诗、赋、论、经、史、制、策等，可见其对"诗赋"这类侧重形象思维品质的测试，从刚性制度上是保持警惕而有所限制的。这也是历代教育教学对"概念"（抽象）思维与"形象"思维的平衡所作出的尝试。

明白上述道理，当然就易于理解语文教育无非在"概念"与"形象"之间穿行或游走。

三、在形象和概念间穿行

把语文思维教育的底层逻辑设定在形象和概念上，这一做法其实就是把复杂问题简单化，对语文教育做"降维"处理。庄子说："言者所以在意，得意而忘言。"①"意"或心意是"言"的根本。追踪到思维教育的两个原点，就是把"言"进一步区分为"概念式（化）言语"和"形象式（化）言语"，把思维区分为"概念式（化）思维"和"形象式（化）思维"，进而精准而高效地开展语文思维教育活动。

如果以历年高考语文真题作为观察和分析对象，你会惊奇地发现从思维考查角度看，对学生的"形象思维能力及品质"和"抽象思维能力及品质"两条检测主线清晰可见。因此，在教学过程中，我们也需要对形象和抽象两种思维能力均予以重视和培养。

具体就作文训练来简要说明。我们可以为学生提供下列"思维工具"：一是"黄金三问"，即"是什么—为什么—怎么办"思维模型；二是"正—反—合"思维策略；三是"归纳—演绎"思维进路；四是"古—今—中—外"论据搜索策略；五是"总—分—总"思维框架；六是"时空、因果、条件、假设、转折"逻辑分析方法；七是"由表及里"即由具象到抽象、由形象到概念的策略。前六个思维工具均为作文审题立意、谋篇布局、论据搜集、论证分析的概念式（化）的策略与方法，而最后的"由表及里"则属于将形象化表达转换为

---

① 陈鼓应注译：《庄子今注今译》，中华书局1983年版，第772~773页。

抽象理性表达的策略与技法。

上述抽象理性式（化）思维训练与形象式（化）思维训练策略、模型以及它们之间的交互与切换，在语文教育的阅读活动中也是适用的，概而言之，上述思维训练策略、技巧在语文教育的所有活动中均可引入。

第五节　作为中介的语文思维训练

在基础教育各学科中，语文学科历来议论最多。不仅学科内部人士要参与，社会人士介入度也极高。

《普通高中语文课程标准（2017 年版）》的面世，是语文学科课程改革的历史性转折。该课程标准提出了"语文核心素养"这一崭新概念，其中，"语言、思维、审美、文化"四大要素聚焦于"立德树人"这一根本育人目标，显示出高中语文学科定位由学科本位向学生本位的根本性转变。

回望过去，语文学科曾经把"语（法）、修（辞）、逻（辑）、文（学）和字、词、句、篇"等语文知识作为学科教学目标，号称语文"八字宪法"。其后，针对实际情况，又增加了"能力训练"，合称"双基"，于是"基本知识"和"基本能力"成为语文学科的基本定位，其实际影响是"学生在学校受益最多的是知识，能力次之，至于思维、情感、责任心等则明显欠缺，甚至缺失"[①]。进入 21 世纪，"三维目标"成为学科热词，表明我们的教育观念由关注语文知识、语文技术、文本特点向关注学生、学情转移，向教育的本原和本体转移和回归。至语文"四大核心素养"的正式提出，语文学科本位理念真正被学生本位理念替代，语文教育眼中真正有"人"了——这既是语文学科走过的符合其内在逻辑的历史轨迹，也是语文学科观念的划时代的历史性突破。

语文"四大核心素养"中，语言、思维、审美、文化四者的地位并不是并列的。其中，语言无疑是最为基本和最为本质的要素。换句话说，它是语文学科所独有、标志其学科身份的要素，而思维、审美、文化三者渗透在语言建构和运用中并发挥作用。其中，较之于语言、审美、文化，思维又有其独特的角色地位和功能定位，是中介因素，具备独特的力量。

---

① 于漪著：《有点新思考新作为》，《语文学习》2018 年第 1 期，第 4 页。

一、思维训练与思想情感、语言

语言既是思想的直接现实，又是思维的物质外壳，是思想的物化成果存在形态，而这一物化成果又是经由思维过程、思维操作获得的，故而思维是介于思想、情感和语言之间的桥梁。语文教育中，首先是要把揣摩、品味、选择、打磨语言作为第一要务，围绕这一任务，语文教师可以设计多种多样的言语活动，包括诵读、品读、对话交流、辩论表演等。换句话说，真正有语文味儿的语文课，一定是基于语用学理论基础的言语活动课。

进一步讲，真正好的语文课一定是思维含量高的语文思维教育课。教学目标设定、教学程序设计、教学活动展开、教学效果测评等环节，都必须将"思维训练"作为一根红线贯穿始终。上文学鉴赏和创作课，就是要以培养联想能力、想象力、直觉和体悟等为主要任务，着力提升学生思维的灵活性、敏捷性以及独创性，并最终达成把握作者和文本的情感、情思之目标。上议论文阅读和写课，则要以培养逻辑理性能力、哲学思辨能力等为主要任务，促进提升学生思维的深刻性和批判性，并进而使学生理解、把握作者或文本的思想与观点。除此之外，其他各类文体的阅读和写作课，虽然具体教学目标各异，但都要以形象思维能力、抽象思维能力、辩证思维能力和直觉（感）悟性思维能力等思维能力的培养为基本教学价值取向来做设计和落实操作。

经过我和我的团队历时 10 年左右的实践，证明了有思维含量的语文思维教育课，既能赢得考试、满足学生升学需求，同时又是名副其实的育人的语文课，即促进学生成长成人的课。这样的语文课是"双赢"或"多赢"的课，是真正好的语文课。因此，好的语文课是以"思维训练"为主线、为中介的课。

观察实际语文教学活动，如果是平庸或糟糕的语文课，一般会是缺乏言语活动的所谓知识、方法、技能传授课，说到底，就是缺乏高品质思维活动的课。

二、思维训练与语文知识

我们重视思维训练，但并不反对必要的知识储备。相反，语文思维训练需要大量语文知识做支撑——字、词、句、篇和语、修、逻、文等知识，否则语文思维训练、语文思维教育就会因缺乏必要支撑而落空。以语文思维的两大主脉——想象、联想能力和逻辑、哲理思辨能力为例，如果没有大量表象积累，训练形象思维能力就是一句空话，而要实现其目标就必须在有关以表象、意象为中心的理论知识指导下，开展阅读、写作实践和实际生活感悟等活动，由此才能实现思维教育的目标。同样，逻辑、哲学思辨能力培养，也必须以有关概念、判断、推理的基本知识为基础和先导，储备相关知识和素材，才可能顺利实现语文思维教育的相关目标。

三、思维训练与关键能力

在美国哈佛大学教授加德纳多元智力理论的要素中，智力要素包括以下八种：语言智能、数学逻辑智能、空间智能、身体运动智能、音乐智能、人际智能、自我认知智能、自然认知智能。其中的"自我认知智能"，是指自我反思和自我批判的理性思维能力，渗透在各项要素中，具有举足轻重的地位。

批判性思维能力训练对应着对思辨力的培养，思辨力又与联想力、想象力共同构成中学语文教育中创造性思维能力的两翼。我们都知道好奇心和想象力之所以弥足珍贵，就在于它们都使我们的头脑"放得开"——发现问题并产生无穷多新想法，即胡适所说的"大胆假设"[①]，歌德所说的"又向梦境追寻"[②]。但光"放得开"不行，还得"收得拢"，即胡适和歌德的"小心求证"[③] 和"我向现实迈进"[④] ——用独立思考出的、经过聚合的、严密的思辨，符合逻辑地得出结论，只有如此，才能使好奇心和想象力的花朵结出丰硕的创造性思维之果。

粗略地说，语文教育中的文学教育主要肩负的是"放得开"的任务，而"收得拢"的任务则主要靠逻辑思维训练、哲学思辨训练来完成，后者是我们的弱项，需要及时而全面"补课"。但需要注意的是，切莫再犯顾此失彼的错误，也即是说，我们需要在语文教育中强化后者，同时要双管齐下——既训练以联想力、想象力等为核心的形象思维能力，又训练以思辨力、批判性思维能力等为核心的抽象思维能力，语文教育在这一点上有得天独厚的优势，只要我们努力去做，必将大有可为。

---

① 胡适著：《胡适文存》，安徽教育出版社 2013 年版，第 290 页。
② 歌德著，郭沫若译：《浮士德》，安徽人民出版社 2013 年版，第 10 页。
③ 胡适著：《胡适文存》，安徽教育出版社 2013 年版，第 290 页。
④ 歌德著，郭沫若译：《浮士德》，安徽人民出版社 2013 年版，第 10 页。

四、思维训练与必备品格

著名作家狄马先生在 2014 年 11 月上海举办的"经典作品的思辨性阅读"活动上说过，一个人如果真的养成了独立、自主、理性和思辨的习惯，那他已经是个现代公民了，语文教育的任务也就完成了大半，甚至是最重要的部分，知识的多少和观点的对错反而不那么重要了。这句话清晰地表达了理性思辨对于建构公民品格的价值。

思维里最重要的工具——逻辑，不仅具有工具理性价值，更具有价值理性意义。我们知道，按照人类共同的逻辑法则，只有经过论证的思想，有理由的思想才是可信的，这是人类文化最基本的价值坐标。因此，逻辑不仅是知识和能力，是过程和方法，而且具有价值理性的意义。逻辑思维不仅能够提高智商，而且能够提高情商。逻辑思维涵养是对于真理的追求，是高尚的人格修为。

语文思维训练对于中学生"核心素养"中的"必备品格"（主要指帮助学生形成正确的世界观、人生观、价值观，未来成为具有社会适应力和道德责任感的公民的品格）具有独到的作用。道理十分明显，作为人文学科，语文课文中的经典篇目，特别是中华传统文化经典文本，之所以堪称经典，除它们是典范的母语言语范本外，更为重要的是，它们是化育子子孙孙"三观"的范本，为中华儿女精神底子"着色"——这正是作为基础学科的基底所在。从人格角度说，成体系的语文思维教育训练，可以造就健全的心理人格、道德人格和审美人格。

五、思维训练中需要精细研究的几个问题

著名教育家于漪先生说，语文课改空间很大，根据自己所能与学生学习需求，做一点小实验，是十分有意义也是十分有趣的事。天下大事必做于细。摆在语文教师以及相关人士面前最为重要的任务是做些助推语文课改行稳致远的实实在在的建设性"小事"，而不是怨天尤人的负面情绪宣泄。①

下面就我思考到的，语文教育中关涉思维训练教育的迫切问题谈谈，算是列出一个建设性的研究话题，提请大家予以关注并开展相关研究，以推进语文

---

① 参见于漪著：《有点新思考新作为》，《语文学习》2018 年第 1 期，第 7 页。

思维、语文教育以及语文课程研究向深度和广度推进。

其一，创造性思维能力和品质。"双创"，即"大众创业，万众创新"已是热度极高的词句，"创造""创新"也常常被人提及，可见，当下中国社会迫切要解决的问题，就是对具有创造性思维能力和品质的人的培养，因此教育工作者，特别是有情怀的语文教育工作者，必须聚力于对这一问题的研究。

其二，思维教育课程建设。思维训练既然在核心要素中地位特殊、作用重大，就有必要将思维教育上升到课程层面，探究其目标、内容、实施方法、评价等，以保证这一教育内容落地的规范和实效。

其三，思维教育资源开发。要贯彻"融合"的理念，推动中华优秀传统思维教育资源自身、中华优秀传统思维教育资源与西方思维教育资源之间的融合。最为重要的是，让所有思维教育资源为当下教育服务，即促进思维教育资源与现实教育实际的融合，从而培养思维方式健全、思维能力超拔、思维品质优化的"全面的现代人"。

第六节　诗与思的融合：语文思维教育方法论

一、诗与思融合的思维教育

我用"诗"来表征以诗歌为代表的文学文本阅读和创作，想象力的开发是其最基本通道与策略；用"思"来表征以思辨类文本为代表的有关文本阅读与写作，它内在地包含逻辑思辨能力（思考和言说的理性规则、范式、模型等）和哲学思辨力（对自然、世界、社会以及人自身本质等的思考和言说），"诗"（想象力）与"思"（思辨力）共同构成语文的思维世界。不过，任何分类都是有缺陷的，"诗"与"思"的二分法也不例外。其实，想象力与思辨力在文学和其他类型作品中，呈现出交融的常态，但用"诗"与"思"二分视角去观察和思考，可以清晰见出多维语文世界中的两大主脉。

想象力是诗或文学、诗人或文学家的特质。个体的人在其现实性上是不自由的，需要造就一个超越现实的世界来拯救自己。以诗歌为代表的文学作品是为人的梦想（幻）而存在的，阅读或写作诗歌等文学作品的根本意义在于建构属于自身的审美存在以愉悦自己。这就有了李白的梦游天姥、陶渊明的回归田园、鲁迅的野草以及海明威的老人与海……它们是一个由想象力建构、受情感推动的世界。

当然，人还需要一个理性的世界。这个世界给人智慧，是由逻辑理性以及对自然、社会以及人自身的不断追问与思考来造就的。逻辑思辨力保证人思维路向的明晰缜密和交流的顺畅无碍，哲学思辨力满足人对意义与价值的追问，给"活着"一个终极的或根本的理由。

想象力丰富着世界，思辨力编织着生活。语文思维教育就是要构建想象力与思辨力融合为一的完美思维世界。

二、诗与思融合的方法论意义

诗与思融合的语文教育，兼顾了智力和非智力两大系列或系统，满足了教育培养"全人"和"全才"的要求。

从教育心理学角度说，所谓"全人"和"全才"，可以分解为智力和非智力两大系列或系统，前者包括概括、分析、抽象、综合、比较、判断、推理等；后者包括理想、动机、兴趣、情感、意志、性格和气质等，为前者提供动力；两大系统如两轨并行，共同构成"全人"的心智世界。就语文思维教育而言，"诗"的教育主要聚焦于想象力的开发，"思"的教育主要着力于思辨力的开发，二者融合而为培养全面、全能即"全才"的人服务。

更为重要的是，诗与思融合的语文教育可以全面覆盖创造性思维的要素，全面训练创新思维能力，满足培养创新型人才的要求。

"全人"和"全才"就是创新型人才，创新型人才是指具备创新精神、创新思维和创新能力的人。其中创新思维是核心，创新意识或创新人格是动力系统，创新能力则是实践能力系统。何克抗先生认为创造性思维包括六大要素结构，发散思维和聚合思维是解决思维方向性的指针，联想、想象等形象思维、直觉思维和时间逻辑思维是创造性思维的主体部分，而辩证思维与纵横思维则是解决高难度复杂问题的指导思想和策略。何先生把"形象思维、直觉思维"与"时间逻辑思维"对举为创造性思维的主体。前者可对应于我们所主张的"诗"的教育，后者则可与"思"的教育相应，这印证了诗与思融合教育的价值所在。[①]

---

① 参见何克抗著：《创造性思维理论——DC 模型的建构与论证》，北京师范大学出版社 2000 年版，第 195 页。

诗与思融合的语文教育各类活动——听、说、读、写等，促使学生成为全面的人。

语文学科把人类文明成果纳入课堂作为听、说、读、写的训练素材，其中既有神话童话故事、诗歌散文等富含想象力的隽永作品，也包含大量科技、经济、政治、社会等方面富有思辨力的鸿篇巨制，能使学生在潜移默化中能力获得提升。

诗与思融合的语文教育是生活化、日常化的教育活动。

语文学科将课堂活动延伸到学生的家庭生活、社会生活，对其产生全方位和终生影响。"语文的外延与生活的外延相等"与语文的"真实情境"化，都在强调语文这一学科想象力和思辨力与生俱来的"胎记"在于生活，由此，生活教育或语文教育的生活化能使学生成为全面发展的、完整的人。

诗与思融合的语文教育是植根于"全脑"的教育。

前述形象思维、直觉思维与时间逻辑思维分别对应于人的右脑和左脑。换句话说，右脑和左脑分别是形象思维、直觉思维与逻辑思维的生理基础。而有关测试也表明，当某一半脑有显著激活时，另一半脑的相应位置也有激活。由此可知，诗与思融合的语文教育之所以能造就全才、全人和全面的人，其生理基础在于它是"全脑"的教育。

三、诗与思融合教育的实践维度

（一）诗与思融合教育的文体教学

诗与思融合教育贯穿于语文教育的全过程与全领域。试以诗歌鉴赏和议论文写作为例说明。

诗歌鉴赏融合教育可靠而有效的方式有如下三种。

一是依据诗歌"情""景"两要素建构起来的三类文本模型。

情景二分型。这类诗歌文本中"情"与"景"界线显豁，如"水"之于"油"，虽汇于言语一体，但彼此泾渭分明。如鉴赏白居易《忆江南》时，可以先由情入手，抓住类似于传达情感的"江南好""能不忆江南"诗句，确定该诗意在抒发对江南怀想之"乐情"并在与"景"——"红胜火"的"江花"和"绿如蓝"的"江水"等"乐景"的一致性上得到印证，从而进入诗歌意境。再如《锦瑟》，我们在阅读时很容易捕捉到"惘然"二字，再把它与"锦瑟无端""庄周梦蝶""望帝啼鹃""珠有泪""玉生烟"等景象连为一体来思悟，诗歌即可读懂。

情景交融型。这类诗歌中的"情"与"景"，如"水"之于"酒"相融，难分彼此。可先确定一个核心意象，如鉴赏柳宗元的《渔翁》，首先确定"渔翁"这个核心意象，再把他在青山绿水间放歌、放眼飘逸于天际云朵而放飞心情等描述连接起来，便可领悟到渔翁内心的奔放与自在。

情景兼容型。大量诗歌是介于上述两类模型之间的，即没有明显的抒情词句，却在字里行间不时有隐含情感色彩的"字眼"，这类诗歌可视为兼容型。如李白《独坐敬亭山》中有"独""不厌"，柳宗元的《江雪》中有"绝""灭""独""寒"等显露情绪的文字，鉴赏时可以从"情感"和"意象"两头入手来读懂诗歌。打个比方说，这类诗歌就是"沙"与"金"的混合——众多言语"沙粒"中渗入了有关情感、情思信息的"金粒"，解读时就要披沙析金——检索出标志情感与意象的关键词语，再熔金成块——整合、概括出诗歌的基本意蕴与情志。

上述诗歌文本三类模型，可视为对第二章第二节中"中观模型"深入探究后，获得的诗歌文本模型的升级版。

二是依据时间、空间和因果关系三大逻辑框架建构起来的诗歌鉴赏模型。"空间、时间、因果关系是人类赖以思考的三大基础结构。"[1] 据此开展诗与思融合的诗歌鉴赏活动便捷而高效。先看陈子昂的《登幽州台歌》，诗中"前""后"沿时间轴线展开，"天""地"则指向空间维度，抒情主人公立足于时空交汇点上感慨莫名。再看马致远的《天净沙·秋思》，小令用十一个名词构制出空间维度的立体图景，而"枯""老""昏""古""西""瘦""夕""西下"等又透露出时间信息。进一步看这两首精粹之作，"怆然而涕下"与其上文，"断肠人"与该小令其余文字之间又构成因果关系。

如果我们在更大范围诗词曲的鉴赏活动里，尝试寻找时间、空间和因果这三大基本逻辑框架的存在，就会发现屡屡可得验证。因此我们说，时间、空间和因果关系三大逻辑框架可作为诗歌鉴赏以及文学鉴赏的最基本的逻辑操作抓手。

三是按"由表及里"的逻辑线路展开训练。与概念、判断、推理形成对照，表象、联想、想象，象征、隐喻、类比是人类思维另一基本理路，也是中国人突出的优势思维模型。其特征在于形象具体、生动直观等，解读或建构这类思维文本的关键在于锁定其表象，由表及里，即可抵达文本深处或内里。以

① ［美］史蒂芬·平克著，张旭、梅德明译：《思想本质：语言是洞察人类天性之窗》，浙江人民出版社 2015 年版，第 181 页。

陆游的《苦笋》为例："藜藿盘中忽眼明，骈头脱襁白玉婴。极知耿介种性别，苦节乃与生俱生。我见魏征殊媚妩，约束儿童勿多取。人才自古要养成，放使干霄战风雨。"① 只要抓住"苦笋""魏征""苦节"三个词，这首诗就迎刃而解，因为"苦笋"是隐喻或象征"魏征"的，二者的相似点在于"苦节"。换句话说，"苦笋"与"魏征"构成类比关系。整首诗的基本旨趣是说魏征像苦笋一样是苦口良药，是一个耿介的人。

以上是诗歌鉴赏教学，下面说说议论文写作教学。

议论文写作要想成功，就要营造强大"气场"。气场从何而来呢？一般人只在议论上着力，偏在理性论证一隅，其实，最完美的议论文要做到理智与情感双彰，从思维上说，就是追求诗之感性、形象思维与思之理性、逻辑思维的完美融合，同时考虑到文章读者的阅读感受即语体情境等要素；个中道理在于，情与理是人性之二端，执此二端，既晓之以理，又动之以情，并顾及接受者的感受，就贴近了人性之本，贴近了文章写作之本，可谓抓住了根本与根脉。

我们曾经以《烛之武退秦师》作为模板来写作任务驱动型作文并获得成功。以此为例，现在我们来观察这篇文章，看看它的第三、四段有什么特点。

晋侯、秦伯围郑，以其无礼于晋，且贰于楚也。晋军函陵，秦军氾南。

佚之狐言于郑伯曰："国危矣，若使烛之武见秦君，师必退。"公从之。辞曰："臣之壮也，犹不如人；今老矣，无能为也已。"公曰："吾不能早用子，今急而求子，是寡人之过也。然郑亡，子亦有不利焉。"许之。

夜缒而出，见秦伯，【1】曰："秦、晋围郑，郑既知亡矣。【2】若亡郑而有益于君，敢以烦执事。【3】越国以鄙远，君知其难也。【4】焉用亡郑以陪邻？邻之厚，君之薄也。【5】若舍郑以为东道主，行李之往来，共其乏困，君亦无所害。【6】且君尝为晋君赐矣，许君焦、瑕，朝济而夕设版焉，君之所知也。【7】夫晋，何厌之有？既东封郑，又欲肆其西封，若不阙秦，将焉取之？阙秦以利晋，唯君图之。"秦伯说，与郑人盟。使杞子、逢孙、杨孙戍之，乃还。

【8】子犯请击之，公曰："不可。【9】微夫人之力不及此。因人之力而敝

---

① 钱仲联、马亚中主编：《陆游全集校注（全13册）》，浙江教育出版社2011年版，第308页。

之，不仁；【10】失其所与，不知；【11】以乱易整，不武。吾其还也。"亦去之。①

从第二段"许之"二字开始，表明烛之武接受了郑伯给定的题目为"退秦师"的"任务驱动型议论文"，只不过烛之武是口头完成的，左丘明把它记录了下来。到第三段最后两句中的"秦伯说，与郑人盟"和"使杞子、逢孙、杨孙成之，乃还"所描述的事实表明，烛之武仅仅用了不足二百字就成功地完成了"写作"任务，第四段是其余波。

这篇完美的"任务驱动型议论文"的成功秘诀在哪里呢？

我们用符号【】标明的 11 个序号，如果按"情"和"理"两个要素来分类，大致可以把它们分成三组：【1】【6】【9】三项分别是从自我认输、晋曾对秦忘恩负义、晋不可忘恩负义讲的，都属于动之以情的"情"；【2】【3】【4】【5】【8】【10】6 项从道理上讲秦不必伐郑或晋不要击秦，属于晓之以理的"理"；【7】【11】两项情理兼容。

经过分析，我们得出这样的结论：一是好的议论文写作的成功应该情理兼容，这是总策略；二是好的议论文写作中理应大于情，这是边界；三是无论是动情还是讲理，都要顾及接受方感受，这是写作目标指向。

通常所谓记叙文、说明文、议论文和抒情文等文体分类是以语言表达方式为标准的，它的划分标准是"语言"；若以"思维"作标准就没有这么复杂了，我们认为只需分为"思辨类或论说类"与"描述类或抒情类"即可，对于听说读写等语文教育活动的操作训练也就简单易行了。

将"思辨类或论说类"与"描述类或抒情类"作为文体的思维分类，正好对应于"思辨（力）"与"想象（力）"的开发。

在以议论文为代表的思辨类或论说类文章的听说读写中，我们着力训练学生的理性思辨能力，主要包括逻辑思维能力和哲学思辨力，以概念为基点，重点在于观念清晰、判断准确、推断合理，从低阶（识记、理解、应用）到高阶（批判性思维、系统思维、创造性思维），形成序列；在形象描述类或抒情类文章的听说读写中，我们着力训练学生的联想、想象能力，主要以意象或表象为核心，着力训练对物象的感知、表象的积累，对象征、隐喻、类比的领悟与运用等。当然，必须再次指出的是，思辨（力）与想象（力）虽二分但实际又是

---

① 人民教育出版社等编著：《普通高中课程标准实验教科书 语文 1（必修）》，人民教育出版社 2007 年版，第 16 页。"【】"为笔者所加，标示其后语句序号。

兼容的。换句话说，在训练学生的理性思辨能力时，也要兼及对学生想象联想能力的训练；在训练学生的想象联想能力时，也要兼及对学生理性思辨能力的训练。简单举例说，在写作议论文"晓之以理"的同时，还要顾及与读者的接受心理或情绪，兼顾"动之以情"；在鉴赏、写作诗歌等抒情作品时，也要注意做有关逻辑理性思维训练。只是需要注意各自的思维边界，即思辨训练不可一味板起面孔说理而不动情，同时动情又不得滥情，抒情描述亦不可一味煽情而不讲理。

"思辨（力）"与"想象（力）"二者互别又互渗，源于人性的情理二端，或曰人之共性——"同情心"与"同理心"。

（二）诗与思融合教育的课型（堂）教学

我们所说的课型或课堂，主要指语文思维教育的学科渗透教学课和思维教育专题教学课。

前者是语文思维教育课堂的主要课型。在语文思维教育学科渗透教学课里，虽教学对象有差，题材各异，教学内容不同，但在前期学情分析、教学目标设定、教学活动设计、教学反思等课堂环节中，无不渗透着对学生的认知水准把握、思维能力提升、认知冲突设计和思维工具运用，一句话，一定是有"思维教育"这一红线贯穿始终和全方位渗入的。

后者指直接把"思维教育"的系列训练点作为课堂教学主题，选择相应教学资源和素材，设计相关活动展开训练活动的课型。比如以"概括"和"联想与想象"为教学主题开展课堂教学，就分别属于训练逻辑思维技能和形象思维技能的思维教育专题课。

语文思维课堂既要以学科渗透教学课为主阵地，也要适当穿插思维教育专题教学课。二者的结合点以及各成序列的训练设计，值得进一步研究。

（三）诗与思融合教育的教育资源利用教学

在中华优秀传统文化经典教学中，我们充分贯彻了诗与思融合的教育策略。以《论语》的思维教育来说，我们认为孔子运用的思维策略主要有直观直觉思维策略、人文比德思维策略、整体辩证思维策略、中庸中道思维策略和由己及人思维策略，而经由这些思维路径，所获得的思想结论主要有尚和的精神、尚善的力量和尚美的追求，其语言表述透露出最大的思维特点就是诗与思的融合。简单举几例："逝者如斯夫，不舍昼夜"①，用浩荡不断的江水来比附

---

① 钱穆著：《论语新解》，生活·读书·新知三联书店 2002 年版，第 215 页。

时间流逝不停；"岁寒然后知松柏之后凋也"①，以松柏不畏严寒借指人的坚韧品性；"君子不器"②，用直觉方式从反面给"君子"画出界线；"为政以德，譬如北辰，居其所而众星共之"③，强调德治有凝聚人心的效能；"质胜文则野，文胜质则史。文质彬彬，然后君子"④，勾画出内外兼修的君子品质，如此等等，无不显示出"交融"的思维特色。这种思维方式或策略沉淀、内化为中华民族的思维方式特征。

在《道德经》和《庄子》中，诗与思融合成为显著思维特征。以庄子代表作《逍遥游》为例，他表达的观点是"绝对自由"或"无待"，是"思"的，而采用的表述策略却是"诗"的，即围绕"大鹏"构建起来的庞大意象群。《道德经》面对论道、治国、修身、养生、砭时与议兵等严肃议题，表达理性的观点，但其"诗"的话语形式比比皆是，比如"复归于婴儿"⑤ "治大国如烹小鲜"⑥ "小国寡民"⑦ "和光同尘"⑧ 等，不一而足。

（四）诗与思融合教育的年龄和学段教学

张世英说，个体的精神发展经历了"人—世界合一"⑨ "主体—客体关系"⑩ "高级的天人合一"⑪ 三个阶段，与此对应，其思维上的三个层次分别是"诗""思"，以及"诗与思融合"。我们开展诗与思融合的思维教育，可做到以下几方面：

从学龄前儿童到小学、初中、高中的全部基础教育阶段，要按"由诗到思，先诗后思，诗思交融"的基本原则来设计思维教育课程。具体讲，越是低学段越要以开发联想力、想象力为主，越是高学段越要以开发思辨力为主，对于学龄前儿童到小学、初中的低学段，在开发联想力、想象力时，要特别注重渗入记忆、理解、应用、概括、分类等低阶思维能力训练，对于高中特别是高二以后的高学段则要进一步渗入分析、综合、评价、判断推理等高阶思维能力训练。

---

① 钱穆著：《论语新解》，生活·读书·新知三联书店 2002 年版，第 221 页。
② 钱穆著：《论语新解》，生活·读书·新知三联书店 2002 年版，第 34 页。
③ 钱穆著：《论语新解》，生活·读书·新知三联书店 2002 年版，第 21 页。
④ 钱穆著：《论语新解》，生活·读书·新知三联书店 2002 年版，第 140 页。
⑤ 陈鼓应注译：《老子今注今译》，商务印书馆 2020 年版，第 183 页。
⑥ 陈鼓应注译：《老子今注今译》，商务印书馆 2020 年版，第 291 页。
⑦ 陈鼓应注译：《老子今注今译》，商务印书馆 2020 年版，第 345 页。
⑧ 陈鼓应注译：《老子今注今译》，商务印书馆 2020 年版，第 9 页。
⑨ 张世英著：《哲学导论（第三版）》，北京大学出版社版 2002 年，第 18 页。
⑩ 张世英著：《哲学导论（第三版）》，北京大学出版社 2002 年版，第 18 页。
⑪ 张世英著：《哲学导论（第三版）》，北京大学出版社 2002 年版，第 23 页。

各个学段的阅读课特别是文学阅读课，要按"感受感知—品读品味—探究思考"的基本逻辑线路推进课文或课堂教学。如果将这个技术路线简化一下，就是先通过联想、想象"感性进入"，再"理性思辨"，二者之间虽互渗互融，但前者是后者的基础和依托，后者是前者的深化和升华，顺次不可颠倒。

另外，写作课教学总体上应按"从说话到写作、从记叙描述到议论思辨"顺序安排。从思维训练上看，与阅读教学相一致，"诗"与"思"虽各有侧重，但总体呈互渗互融状态；进入高中特别是高二之后则重点开启"思"的训练——写作思辨性议论文。

（五）诗与思融合教育的生活与人生教学实践

语文是为生活和人生服务的。诗思交融的语文思维教育，最终指向的是师生的日常生活以及他们的整个人生。

诗思交融的语文思维教育造就师生和谐而平衡的生活。诗的课堂是具体可感的生动课堂，思的课堂是条理清晰的结构化课堂，诗思交融的语文课堂是有血有肉、有情趣有根底的课堂，师生共同拥有这样的课堂，便拥有和谐而平衡的课堂生活和日常生活。

诗思交融的语文思维教育造就和谐而平衡的人生。诗的人生是富有情感情趣的人生，思的人生是理智厚重的人生，诗思交融的人生是人格健全的人生，是既有远方而又顶天立地的稳健的人生。

《普通高中语文课程标准（2017年版2020年修订）》使思维教育成为语文教育的共识，但在实际操作中，很多人把思维教育窄化为批判性思维，即理性思辨一隅，在严重缺乏理性思辨教育的背景下，强化批判性思维教育等抽象、理性思维训练确有纠偏之效，但若执此抽象思维一隅，而不顾及思维之形象一端，就很容易顾此失彼，陷于非此即彼、非彼即此的泥淖——把人带入滑稽的、"跷跷板"游戏式的泥潭。我们主张在抽象的理性思辨与形象的联想、想象之间，即在思与诗之间，亦此亦彼，彼此交融，抵达二者融合互生、共生、融通的语文思维教育境界。

根据十多年来聚焦思维教育的课堂和课题研究实践，我们清晰地看到诗与思融合的思维教育不仅理据充分，而且在实际课堂教学中，对学生创造性思维能力形成、创造性人格塑造，以及对于培养具有民族品格、全面发展的人等方面均有助益，可谓利在当下，惠泽久远。

第七节　语文思维教育课堂教学要素与结构

区别于一般传统课堂，语文思维教育课堂教学的要素、结构与特征如下：

第一，学情分析。一是学段分析，包括对学生生理、心理特点分析和课程标准关于学段能力要求的分析；二是对学生已有知识积累和学生学习能力的分析，可以设计课堂前测以了解学情。第二，教学内容的确定。基于学情分析与教材分析，确定课堂教学的内容。第三，学习目标的确定。其主要包括语言目标、思维目标和价值目标。第四，教学重点和难点的确定。聚焦"语言、思维、价值"来确定。第五，课时安排。依据教学目标及教学内容确定课时数。第六，教学过程设计。其主要包括教学导入和学习活动设计。在学习活动中，要突出学与教的策略，设置认知冲突，每个教学活动都要求设计者给出"设计意图"，以突出设计感。第七，作业布置设计。以巩固课堂教学重点难点和学生课上课下可支配时间为基本维度适量布置。第八，设计反思。课后，既对课堂教学实际优势优点作总结，也对课堂教学不足有反思。第九，强调对课堂教学涉及的基本概念、主要能力训练的解释与文本解读。第十，鼓励课堂设计的创新性。既要在一定创新性教学观念指导下设计，又要预期在课堂教学过程中产生更新的教学思想或教学灵感。

上述课堂教学要素与结构中凸显如下特征：

一是特别突出课前学情分析，宏观与微观分析结合，突出微观分析，强调针对学生认知结构和水平开展精准教学，把有效教学建立在学生最近发展区。

二是在教学目标内容、教学重难点确定以及教学活动设计中，聚焦语言、思维和价值三者，突出思维教学，彰显"思维"课堂特色。

三是在学情分析、作业布置和设计反思三个环节的贯通与呼应中，突出思维课堂特质。学情分析是为摸清家底。作业布置，在于检验课堂教学过程所学或提升教学质量。设计反思，意在推动下一步课堂教学的改进和可持续、累进发展与提升。

四是强调对有关基本概念和能力的解释以及文本解读，这是为思维教育课堂托底，使之既"上得厅堂"，又"下得厨房"。

五是在课时安排、活动设计中体现出一定弹性并鼓励有所创新，要把课堂活动当作创造性活动，鼓励活动主体开展创造性活动，显示出思维教育课堂的强大生命力。

第八节　语文思维教育课堂研究期待

语文思维教育课堂研究，可以从"六化"——活动化、结构化、可视化、生活化或情境化、艺术化和游戏化六方面入手。

活动化。其主要指思维活动化，即在语文思维教育课堂中的教学活动一定是思维技能训练活动，否则就不是真正的语文思维教育课堂。

结构化。一是语文思维教育课堂的各教学环节，从前期学情分析到核心概念分析、文本解读、教学反思等十个环节必须完备；二是各个环节特别是主要教学环节之间必须体现出严密的、不可或缺和不可更移的逻辑性。

可视化，即思维可视化。语文思维教育课堂强调在进行教学设计时，在必要之处，可通过使用思维导图、概念图等工具，让内隐的思维可视化，以实现思维方式、思维技能在师生之间、生生之间的有效传递，从而促进思维能力、思维品质的更高效进阶发展。

生活化或情境化。语文思维教育课堂必须以学习者真实生活体验为基础，设置真实的问题情境和真实的认知冲突，以促进学生人格修养提升与"三观"培育为根本指归。

艺术化。语文学科是人文学科，以文学作品为主要教学资源，语文教育一定意义上讲就是文学艺术教育，笼统地讲，语文思维教育课堂要以审美教育为特色。基于此，它应该与诸如绘画、音乐、舞蹈、建筑等艺术形式打通，以此展开教学活动，而其间的基本路径或通道便是联想力与想象力。

游戏化。游戏不是儿童的专利，也为成人所钟爱。换句话说，游戏是人的天性。作为人文学科的语文思维教育课堂要走向游戏化，开展有趣且有意义的相关游戏活动，这是我们的努力方向。

语文思维教育课堂的创新体现在"融合"二字上。

一是诗与思的融合。诗，表征以想象力为代表的形象思维能力；思，表征以思辨力为代表的理性思辨能力。二者融合是思维训练的主脉，也是创造性思维生成的双轨或路径。对二者融合教育的有关训练，值得我们不断努力探索。

二是科学思维与人文思维的融合。以概念为起点的科学思维，"概念—判断—推理"是其基本形式，它旨在求同，特征是严谨缜密，为西方人所擅长。以形象或意象为起点的人文思维，表象、联想、想象、隐喻、象征等为其基本形式，它旨在求异，特色是快捷灵活，为中国人所擅长。二者融合，值得我们跟进研究。

　　三是儒与道的融合。儒道互补只是功能端上的探究，而儒道融合则侧重于儒道结构关系的探源，更为根本。二者融合是思维方式的相反相成——进与退、社会与自然、审美与功利、刚与柔……诸多对立关系的融合，势必产生"悖论张力"①，给人的现实生活与成长带来和谐、平衡，犹如人之静动二脉。这不仅适合于成人，也有益于学生——未成年人的成长。

---

　　① 参见帕克·帕尔默著：《教学勇气》，华东师范大学出版社 2014 年版，第 56~82 页。帕克·帕尔默在他的《教学勇气》中提出"悖论张力"这一概念，指人把握事物也包括人自身对立或矛盾的两极而产生的奇特而巨大的力量，诸如感性与理性、形象与抽象、情感与理智、想象与思辨、自我与他者、左脑与右脑等等融合互动出现奇妙无比的效果，其力量根源于对事物相反相成的辩证本性的把握。

第五章　儒道之道：立心以立人

第一节　我与儒道

我个人系统研读以《论语》为代表的儒家经典始于十多年前，于 2013 年着手《论语》思维教育研究，先后有省级课题"以《论语》为基点的思维教育应用研究"结题和成都教育丛书之《在孔子的屋檐下——〈论语〉思维教育导读》一书出版，课题研究以及该书都聚焦儒家文化教育，特别是以《论语》为课程资源的思维教育。

早在 1996 年，我撰写本科毕业论文《一双慧眼看世界——略论苏轼审美的人生态度》时，对苏轼与庄子、陶渊明、李白之间的精神关联有了零星了解，但论文答辩时万光志老师提出有关庄子的一连串问题，让我汗颜所知甚少，之后我便极尽所能搜读相关典籍，及至 2003 年在四川师范大学读教育硕士时，面对本科见习生讲《逍遥游》，才略有所悟。在研读《论语》等儒家经典时，知道它们作为中华优秀传统文化元典，对中华民族培根铸魂有无可替代的价值，于是大胆在选修课堂、专题讲座和常态课堂上宣讲"儒道之道""儒道融合"，并聚焦于"思维教育"，先后有课例"当我们遭遇困境时——苏轼人生境界"获得教育部奖励，发表《思维融合教育：中华优秀传统文化元典学习路径思考》文章等，参编中共四川省委宣传部主导的《中华优秀传统文化》丛书初、高中分册共五册，一直参与四川省教育科学研究院和成都市教育科学研究院主导的各类中华优秀传统文化教育的评审、推广活动。2019 年开启成都市名师专项课题"以老庄为基点的思维教育应用研究"的研究，2023 年出版课程教材《至美与大道——〈道德经〉〈庄子〉精粹选读》一书，该书被四川大学出版社列入"名师教育坊"丛书。

2019 年上半年，北京师范大学资深教授王宁先生来四川省成都市华阳中学调研中华优秀传统文化进校园情况，我的研究成果获得她的肯定。①

第二节　从框架思维到思维框架

从 2019 年到 2022 年三年时间，我应邀在深圳、内蒙古、郑州、贵州、云南、广西和四川等地做语文学科和跨学科教师培训。2019 年 3 月在深圳大梅沙做讲座时，我抓住"思维"这一学科通项来讲，台下听众是西安八十三中（原西安交大附中）的各位领导和骨干教师，反响良好；2021 年 2 月在内蒙古面对五百多位来自锡林郭勒全市的各科教师，我用人们通常对《易经》的"易"字的三重理解——"不易·变易·简易"来讲高考复习，引发议论，但我自己对这类"跨学科讲座"依然感到困惑，觉得有必要找到恰当的"工具"才行。

2022 年暑期的三场讲座，我真的找到了思维工具"底层逻辑"和"框架思维"。底层逻辑，直白地说，就是复杂对象或问题的、相对稳定不变的核心或本质。有人说，底层逻辑＋环境变量＝方法论，这与我用"不易·变易·简易"来应对跨学科培训异曲同工，因为"底层逻辑"和"环境变量"正好对应"不易"与"变易"；简易，主要是指应对"变易"的策略要简单明了。

框架理论，是人工智能之父马文·李·明斯基（Marvin Lee Minsky）于 1975 年在其论文 "A Framework for Representing Knowledge" 中提出的。他认为，当一个人遇到一个新情况，或者对当前问题的看法发生了实质性变化时，就会从记忆中选择一个叫作"框架"的思维结构，并且可以根据需要，改变"框架"来适应现实需要。框架的底层要素有三个：因果律（相当于具有因果关系的要素）、反事实思维（相当于面对现实问题做出的预想）和约束（指以特定方式塑造反事实思维的规则和限制，即排除不合理的预想）②。这也和"不易·变易·简易"这一思维模型相合。

经过三年实际操作，再联系这几十年教育经历，我得出以下结论：当我们面对复杂或极其复杂问题和现象时，如果能聚焦问题或现象的核心，把握底层

---

① 2019 年 5 月 11 日，北京师范大学资深教授、高中语文课标编写组组长王宁来四川（华阳中学）调研"传统文化进校园"情况，我与会并提出有关中华优秀传统文化学习要聚焦"元典"的建议，王教授对我的发言给予了肯定性评价。

② 参见 [美] 维克托·迈尔-舍恩伯格、[法] 肯尼斯·库克耶、[法] 弗朗西斯·德维西库著，唐根金译：《框架思维》，中信出版集团 2022 年版，第 VI～XII 页。

逻辑，再找到有因果关联的相关要素，同时尽可能多地联想和思考有关变量并排除其中的干扰因素，最终就可能找到解决问题的便捷路径。

抓住复杂对象的核心要素和相关因素，形成一定框架，并根据有关变量排除无关或次要因素，即可建立一定思维框架而获得逻辑自洽的思想精髓，便完成了由框架思维到思维框架这一思维流程。

第三节　思维：高阶与低阶

高阶思维几年前就是教育界的热词了。我们面对"热"的东西要理性地冷思考，否则高热过后就会高冷而成为过眼烟云。

我对高阶思维的总体看法是：要重视中华民族传统的系统思维教育资源的开发，特别重视创造性思维教育——它应该是教育的题中之义，而对批判性思维，则应"以子之矛攻子之盾"，予以批判性思考与判断。

思维是有高低的，但高阶思维并没有一致公认的定义。一般而言，我们把记忆、理解、应用能力视为低阶思维能力，而把分析、综合、评价和创造视为高阶思维能力。又有人把批判性思维、创造性思维和系统思维称为"高阶思维"，下面我从后一意义上来谈谈高阶思维，尽管它们在实际边界上存在交叉。

当把学习和研究的方向指向中华优秀传统文化元典时，我们发现儒家和道家的元典是开发和培养批判性思维能力、创造性思维能力和系统思维能力的可靠课程资源。不仅如此，我们看到，系统思维（也叫整体思维）是以儒道两家为代表的中华先哲最具特色、最具代表性的思维方式与策略，它深置于中华民族思维传统之中，从未中断过，以至于到新时期的"生态农业""田园城市"等经济社会建设设计里，甚至以"绿色"为标签的若干说法里，其内在的或底层的东西其实都是系统思维方式。可惜的是，在教育领域里对这一最具中国特色思维方式和思维能力的培养，还没得到应有的关注。

同样，人们对富集于中华优秀传统文化元典中创造性思维教育资源开发的重视尚且不够。首先，人们对"创造性思维"这一概念的理解有误，主要问题在于，把理性思维能力排除在创造性思维之外，甚至认为我们的先民不擅长理性思维能力。事实上，《道德经》中的辩证思维能力不仅属于理性思维能力，而且还是解决复杂疑难问题的创造性思维能力；存在于《论语》《孟子》《庄子》《道德经》等元典中难以计数的、充分运用了比喻、隐喻、象征、类比等手法的语言案例，则是以整体、直觉、灵感、顿悟为思维特色的思维形式的生动表征，都属于不可多得的创造性思维的语言表达形式。

至于批判性思维，笼统地说，儒家在"知其不可为而为之"的人生态度之下所进行的思维活动，都是对他们所处现实的逆向思维，而他们的言说和行事，则是按照自己的思维方式对异于自己或对立于自己的观点和言行的辩驳和批判；而道家呢，无疑又是在用他们的言说和行事对儒家做辩驳和批判。正是儒道两者之间的互相辩驳和批判，铸成了中华精神文化史上的绝美思维风景，成为中华民族优秀思维品格一以贯之的稳健根脉和牢固的底层逻辑，个中缘由，正在于其批判的或理性的精神、理性思维品质与理性思维能力从未缺席。

第四节　心智：品格与能力

在思维教育实践中，我们还发现一个突出问题：重视能力训练而忽视品格养成。这在各类思维教育活动里表现为：一味强调可见的、可量化的思维能力的教学目标设定、活动设计、训练绩效检测等，而忽视无形的、不可量化的思维品格、精神品质、人格养成的培养。比如在想象力开发的课堂上，对学生发散思维能力、联想能力训练的读写活动，教师大多关注他们如何放得开，即想得广而多，想法新等，而对激发他们展开想象的兴趣、动力、意志品质等重视不够，或在学生显现出学习热情时没能及时肯定，或在他们欠缺热情时少有"招数"应对。在训练逻辑思维等理性能力，比如挑战数理化等学科难题时，教师不能用恰当方式给予足够鼓励，对学生意志力的培养重视不够，等等。

想想我当年就读的高中学校——阆中市老观中学，数学老师蒲朝楠、钱开元给学生的"每天一题"，真是一个训练学生挑战自我的好做法。他们留给学生的作业不多，但一定有一道难题，我等学生得花大力气才能完成。老师要求我们每天下午课外活动时搞定，如果解答不出，就趁在操场上散步时听听他们提示，当然大多数情形是我们自己尽力解答的。至今记得有一道三角题，我用了二十多个步骤才解答出来，而那个解题所用硬面抄我足足保留了几十年不忍丢弃。其价值显然不是解出一道难题所需的"数学能力"能够涵盖的，更为关键的恐怕正在于学生战胜难题时给自己带来的自信力的提升。

思维教育说到底是心智教育，因为心智能力的核心就是思维能力，还有思维品质、思维习惯，而思维方式影响思维品质、思维习惯。阅读儒道两家元典的目的，说到底就是通过阅读、理解和思考，训练思维能力，形成一定的思维品质和思维习惯，特别是要获得孔孟（儒家）和老庄（道家）相对立而交融的、互嵌而互补的思维方式，进而获得强大的心智能力、优良的心智品质和得天独厚的心智力量。

以孔孟为代表的儒家元典和以老庄为代表的道家元典堪称复杂的"巨系统"。有了前面有关"思维"和"心智"的陈述和铺垫，下面我们从"君子与真人""立言与立象""立心以立人""完整教育与人文教育"等几个方面，谈谈儒道元典融合研习带给我们的智慧与启示。

第五节　君子与真人

立德树人，是新时期提出的教育目标。殊不知，它是跨越时空，在更高层级上对两千多年前孔孟与老庄时代教育目标的呼应与超越。

君子，是以孔子为代表的儒家育人目标；真人，则是以老庄为代表的道家崇尚对象。这一君子一真人在一定程度上兼顾了现实世界对人的要求。前者强调的是人的社会价值和责任，后者则主要强化人的个性和个人价值。

在孔子等儒家学派眼里，教育培养目标"君子"尚德——德行、品德而不尚力——能力、技能。"君子不器"① 说的是君子不在乎专业技能，专业技能虽然有价值，但"致远恐泥，是以君子不为也"② ——怕影响了更大发展，即具体技能对宏观管理能力有干扰，而具体技能该谁去干呢？是"百工"，就是今天我们说的各类工匠——"百工居肆以成其事"，而"君子学以致其道"③。荀子在其《正论》中也明确说"《书》曰：'克明明德'"④，把培养"君子"的目标聚焦在"德"上，而"力"——具体技能、技术是"小人"是力士（劳动者）干的。

儒家把"德"标举成至高无上的育人目标，"允迪厥德，谟明弼谐"⑤ "德不孤，必有邻"⑥，君子的德行能够带动小人从而带动整个社会的风气，"君子之德，风。小人之德，草。草，上之风，必偃"⑦。

儒家君子之"德"的具体内涵丰富，外延广泛。从内涵上说，就是个人

---

① 钱穆著：《论语新解》，生活·读书·新知三联书店 2002 年版，第 34 页。
② 钱穆著：《论语新解》，生活·读书·新知三联书店 2002 年版，第 437 页。
③ 钱穆著：《论语新解》，生活·读书·新知三联书店 2002 年版，第 439 页。
④ 安小兰译注：《荀子》，中华书局 2007 年版，第 127 页。
⑤ 慕平译注：《尚书》，中华书局 2009 年版，第 35 页。
⑥ 钱穆著：《论语新解》，生活·读书·新知三联书店 2002 年版，第 97 页。
⑦ 钱穆著：《论语新解》，生活·读书·新知三联书店 2002 年版，第 289 页。

全方位、高标准的心性修炼。从外延上说，这个心性修炼涵盖自我、自我与他人、自我与社会、自我与世界等诸多方面。其核心是"仁"——和谐的人际关系，即人与自身关系和谐、人与他人关系和谐、人与社会关系和谐、人与世界关系和谐。具体说，自我修炼部分，包括个人人生目标"志与道"的确立，"学与思、用"等内容；自我与他人关系修炼部分，包括"己与人""孝与悌""师与生""友与亲"等关系的协调；自我与社会关系修炼部分，包括"治国理政""教育教学""军事"等方面关系的协调；自我与世界关系修炼部分，包括对"仁""礼""德""和与中庸""《诗》与乐""生与死""儒与道""真、善、美""天、性、命"以及对"时、欲、利、质、文"等重大问题的把握。

儒家君子之"德"的核心思维模型或心智模式是"中庸"。"君子周而不比，小人比而不周"① "君子矜而不争，群而不党"② "君子和而不同，小人同而不和"③ 等，讲的是对待人际关系的中庸和谐，"君子泰而不骄，小人骄而不泰"④ "君子坦荡荡，小人长戚戚"⑤ "上不怨天，下不尤人"⑥ 等，讲的是人心态的中庸和谐；中正、中庸、中和被视为德行修养的天理、天命、天道。

当下课程教学要求"立德树人"，同样把"德"放在首位，其具体内涵是"核心价值"或"三观"——世界观、人生观和价值观，其实还是在要求我们要处理好人与自身、他人、社会和世界的各种关系，只是言语表述不同，而内在的或底层的逻辑是一致的。"立德树人"中的"人"，逻辑上除了与"德"有重叠和交叉外，显然还有更为丰富的东西，比如人的"才能"，在新课标里被表述为"关键能力"，当然，我们都知道，这个关键能力其实就是"思维能力"，基础教育的各学科都有它贯穿其中。这么说来，对于人的发展，当下育人目标更臻完善与完美。

其实，儒家也并没有忘掉人的"能力"培养。"君子病无能焉，不病人之不己知也"⑦ 说得很清楚，只是儒家育人目标重心在"德"而不在"能"，"君子无所争，必也射乎？揖让而登……"⑧ 就是讲要在讲"礼"有"德"的前提

---

① 钱穆著：《论语新解》，生活·读书·新知三联书店 2002 年版，第 35 页。
② 钱穆著：《论语新解》，生活·读书·新知三联书店 2002 年版，第 371 页。
③ 钱穆著：《论语新解》，生活·读书·新知三联书店 2002 年版，第 313 页。
④ 钱穆著：《论语新解》，生活·读书·新知三联书店 2002 年版，第 315 页。
⑤ 钱穆著：《论语新解》，生活·读书·新知三联书店 2002 年版，第 180 页。
⑥ 王国轩译注：《大学中庸》，中华书局 2006 年版，第 180 页。
⑦ 钱穆著：《论语新解》，生活·读书·新知三联书店 2002 年版，第 369 页。
⑧ 钱穆著：《论语新解》，生活·读书·新知三联书店 2002 年版，第 54 页。

下再去争能、角力；"君子以文会友"①，能"文"也只是会友的中介和辅助工具。因此，能力只是一种工具，只具备工具理性价值，在儒家心目中的地位清清楚楚，这毋庸置疑。

因此，重提儒家育人目标定位，其纠偏效用是不是很明显呢？

再看看道家的"真人"对我们的育人启示。其"真人"甚至少有如下特征：

道家的真人是超然于世的"超越的人"。

在《庄子》33 个篇章中，"游"字出现近百次，对衣食住行、吃喝玩耍、交友学习等，庄子都主张"游"以待之，"若夫乘天地之正，而御六气之辩，以游于无穷者，彼且恶乎待哉"②，"游于世而不僻"③，说的是只有"游于世"的人才是"至人"，至人就是真人；而这种超越于世的人是"喜怒哀乐不入于胸次"④"不逆寡，不雄成，不谟士"⑤ 的人。

道家的真人是顺乎自然、与天和谐相处的"仙界之人"。

在《逍遥游》中对"神仙世界"中"神人"的描述，真真切切："藐姑射之山，有神人居焉，肌肤若冰雪，绰约若处子；不食五谷，吸风饮露；乘云气，御飞龙，而游乎四海之外。其神凝，使物不疵疠而年谷熟。"⑥ 这个"神人"体态优美，超越俗世而自由自在。

道家的真人是诚心、无杂念的"走心"之人。

《人间世》中有："若一志，无听之以耳而听之以心，无听之以心而听之以气！耳止于听，心止于符。气也者，虚而待物者也。唯道集虚。虚者，心斋也。"⑦ 所谓"心斋"的"斋"，就是要诚心和专一，排除杂念，忘掉功名利禄，忘掉外物，不为外物所累。

道家的真人是转变思维方式，成为"降维思考"的人。

"化"，是庄子说的频率极高的一个词。"物化"说的是人与物的关系，要么指人用审美眼光看待外物，要么指去除对象性意识，以齐物我的态度对待外部世界；"外化"指随外部世界变化而转变人的思维方式，"内化"则是用变化的眼光看世界；"外化内不化"是用不变应万变，"内化而外化"则是以万变应万变。一句话，庄子主张亦以"不变"应变，以"变"应变。在老子那里，则

---

① 钱穆著：《论语新解》，生活·读书·新知三联书店 2002 年版，第 29 页。
② 陈鼓应注译：《庄子今注今译》，中华书局 1983 年版，第 18 页。
③ 陈鼓应注译：《庄子今注今译》，中华书局 1983 年版，第 765 页。
④ 陈鼓应注译：《庄子今注今译》，中华书局 1983 年版，第 576~577 页。
⑤ 陈鼓应注译：《庄子今注今译》，中华书局 1983 年版，第 186 页。
⑥ 陈鼓应注译：《庄子今注今译》，中华书局 1983 年版，第 25 页。
⑦ 陈鼓应注译：《庄子今注今译》，中华书局 1983 年版，第 129 页。

是"执大象，天下往"①，"大象"就是"道"，道是不可言说的变与不变的"混沌"。真人犹如翱翔天际的鲲鹏，高临天宇，俯视大地，万象尽收眼底。

道家的真人是相信自我力量、抓住时机的人。

鲲为何要化为鹏？鹏又为何要飞？因为它心有天池，而且有抵达的信念。而真人更是超越于此，做到了"无功"——像藐姑射神人、肩吾和连叔一样超脱世间功利，"无名"——如许由、庄子本人一样抛却人间地位和名号，"无己"——超越自由的最大障碍自我，即内心的"我执"，其实，就是彻底转变自身的思维方式，以全新的价值判断和全新或颠覆性改变的"三观"看世界，从而在面对现实问题、人生关键节点时稳操胜券。

真人是超越的人，更是思维全新、观念全新的"新人"。

如果说儒家思维"君子"是普世道德形象和道德标杆，道家的"真人"则无疑可作为"君子"的绝妙补充，成为涵养个性品质、伸张个人价值的范本。超越于俗世功名利并不是坏事；相反，在过度物质化、技术化世界里，一定程度上超越或超脱，可以让人找到均衡和谐的节奏从而实现人的可持续发展。自然，"仙界"和"神人"也并不会让我们就此脱离现实；相反，它可能让人的内心暂离烦嚣，纾解世俗劳顿，在相对自由的空间里让我们喘口气，让灵魂暂得飞升，获得可持续的人生力量。信息时代令人眼花缭乱，无所适从，"手机控""电脑控"等让人自己掌控不了自己，而一份专一，一点诚心，显得弥足珍贵。修炼自我，拥有"心斋"而"坐忘"以获得"心流"②，难能可贵。专注于一项有益于自己的、有益于他人或社会的、有价值的事业，是我们心仪的。而这一切需要有全新的观念、全新的思维、全新的眼光、全新的判断来支撑。

第六节　立言与立象

人的表情达意，看似在"言"与"意"之间转换和兜转：阅读是由言到意，写作是由意到言。但实际情况却远没有这么简单，言既不能完全达意，意

---

① 陈鼓应注译：《老子今注今译》，商务印书馆 2020 年版，第 205 页。
② 参见马丁·塞利格曼著：《真实的幸福》，万卷出版公司 2010 年版，第 119 页。心流（flow）：西方积极心理学概念，指全身心投入做某件事情所获得的物我合一或物我融合的极致心理状态。其特征：没有情绪，没有意识，忘我，时间停止，等等。它是构建人的心智未来的资本，是"爱"的极致；在中国传统文化里被表述为"心斋""坐忘""至诚若神"等。

也并不能完全通过言传达出来。个中缘由在于"言"的局限性，即言语在世界面前事实上是无力的。

儒道两家似乎都意识到了"言"的无力感和局限性。

儒家把"立言"与"立德""立功"并称为"三不朽"，又小心翼翼地把它放在第三位："大上有立德，其次有立功，其次有立言。虽久不废，此之谓不朽。"① 而"巧言令色，鲜矣仁"② 更是明确表达对言过其实的反感，"辞，达而已矣"③ 和"修辞立其诚"④ 则是对言语表达提出的基本原则与遵循。

道家对待"言"的态度很复杂。一方面主张道不可言——我们姑且理解为"意之所随者，不可以言传也"⑤，一方面又不得已而言之，认为言不尽意。前者如《道德经》的一章"道可道，非常道；名可名，非常名"⑥，五十六章的"知者不言，言者不知"⑦，八十一章的"信言不美，美言不信。善者不辩，辩者不善"⑧ 等都讲的是道不可言，对言语的作用持保留态度。

庄子对言语的态度，我个人认为属于后者，即不得已而言之，或者干脆叫"立象达意"。在《秋水》中他说："可以言论者，物之粗也；可以意致者，物之精也；言之所不能论，意之所不能致者，不期精粗焉。"⑨ 说的就是言语只能表达有形世界里较粗显部分，不能表达其精微部分，更不能表达无形世界，比如无形世界的"道"。

事实上，对有形世界的精微的部分和无形世界的"道"，庄子和老子都不约而同地用"立象"的方式来表达。庄子所立的"象"，主要有如下三类：一是奇异的物象，如《逍遥游》中以"鲲鹏"为核心的物象群——"鲲鹏""蜩鸠""斥鴳""朝菌""蟪蛄""大椿""野马""尘埃"等；二是离奇的人物形象，如彭祖、知、无为谓、狂屈、皇帝、无始、藐姑射神人、肩吾、连叔等；三是大量的奇幻故事，如"庄周化蝶""濠梁观鱼""罔两问景""缺问王倪""朝三暮四""纪渻子斗鸡""涸辙之鲋""濮水垂钓""鼓盆而歌"等。

---

① 郭丹、程小青、李彬源译注：《左传（中）》，中华书局 2012 年版，第 1328 页。
② 钱穆著：《论语新解》，生活·读书·新知三联书店 2002 年版，第 7 页。
③ 钱穆著：《论语新解》，生活·读书·新知三联书店 2002 年版，第 382 页。
④ ［魏］王弼撰，楼宇烈校释：《周易注》，中华书局 2011 年版，第 4 页。
⑤ 陈鼓应注译：《庄子今注今译》，中华书局 1983 年版，第 385 页。
⑥ 陈鼓应注译：《老子今注今译》，商务印书馆 2020 年版，第 73 页。
⑦ 陈鼓应注译：《庄子今注今译》，中华书局 1983 年版，第 277 页。
⑧ 陈鼓应注译：《庄子今注今译》，中华书局 1983 年版，第 349 页。
⑨ 陈鼓应注译：《庄子今注今译》，中华书局 1983 年版，第 450 页。

上述三类物象、人物、故事以及未列入的所有非纯粹语言符号能涵盖的"象"，与语言符号最大的区别，就是它们有一定感性特征或感性潜质，而非纯粹语符类抽象之物，这些"象"即形象的、有感性潜质的存在，作为不可分解的整体更贴合庄子所要表达的特别的"意"——别具一格的新思想、新见解。其实，《道德经》中也不乏前两类"象"，如"复归于婴儿"①"比于赤子"②"不窥牖，见天道"③"治大国，若烹小鲜"④"天之道，其犹张弓与"⑤"上善若水"⑥等，难以尽数。

这类"立象"的表达方式，说白了就是用独特的形象思维形式来表达思想。在思维形式里，有抽象思维和形象思维之别。前者以概念为基本加工单元，顺次展开"概念—判断—推理"三个层级的理性分析形式，其特点在于求同、静态、稳定、明晰，缺点是单一、僵化、有限性，通常适合于对固定、静态对象的表达。后者基本加工对象是形象，通常以表象、想象、联想或隐喻、象征、类比、直觉、灵感、顿悟等思维形式出现，有整体直观、敏锐便捷、直达核心等优点，但又有不确定、不精准和经不起推敲等缺点。

《庄子·寓言》中说"寓言十九，藉外论之"⑦"重言十七"⑧"卮言日出，和以天倪"⑨，比之于"寓言""重言"，"卮言"最值得探究。"卮言"就是无心之言，随意之言。在我看来，其实这种"无心""随意"就是少有人的主观介入、少有人为抽象的"立象"之言。

"吾安得夫忘言之人而与之言哉"⑩，"忘言之人"就是虽言而无"成心"之人，不固执己见、少了自我偏执之见的人，就能以非自我中心的谦逊态度说话，这样就易于与他人以及世界相通了。

---

① 陈鼓应注译：《老子今注今译》，商务印书馆 2020 年版，第 183 页。
② 陈鼓应注译：《老子今注今译》，商务印书馆 2020 年版，第 274 页。
③ 陈鼓应注译：《老子今注今译》，商务印书馆 2020 年版，第 248 页。
④ 陈鼓应注译：《老子今注今译》，商务印书馆 2020 年版，第 291 页。
⑤ 陈鼓应注译：《老子今注今译》，商务印书馆 2020 年版，第 336 页。
⑥ 陈鼓应注译：《老子今注今译》，商务印书馆 2020 年版，第 102 页。
⑦ 陈鼓应注译：《老子今注今译》，商务印书馆 2020 年版，第 775 页。
⑧ 陈鼓应注译：《老子今注今译》，商务印书馆 2020 年版，第 775 页。
⑨ 陈鼓应注译：《庄子今注今译》，中华书局 1983 年版，第 775 页。
⑩ 陈鼓应注译：《庄子今注今译》，中华书局 1983 年版，第 773 页。

第七节 立心以立人

一、心与形

心，就是"小宇宙"；形，就是"大宇宙"。中国人历来把人与外部世界类比，认为无形的世界即"小宇宙"就是"心"，而包括人自己肉身在内的有形世界，即"大宇宙"，就是"形"。老子的"虚其心，实其腹，弱其志，强其骨"[①] 是心与形的对举；《管子·内业篇》中"凡人之生也，天出其精，地出其形，合此以为人"[②]，同样是这种二分对举。

孔子说"礼之用，和为贵"[③]"君子怀德，小人怀土"[④]"吾未见好德如好色者"[⑤]，其中的"礼、德"在"心"之一列，"土、色"属"形"之一类。庄子眼中，这一心与形的对举思路更加明显。例如，"其寐也魂交，其觉也形开"[⑥]，"形莫若就，心莫若和"[⑦]，"有人之形，无人之情"[⑧]，"彼有骇形，而无损心"[⑨]。

在心与形对举的思维模型中，我们看到，中国古代先贤把它们都视作人的生命不可分割的有机成分，而且"心"是重心所在，较之形体而言更为根本，拥有了"小宇宙"才意味着有安放"大宇宙"的可能。

二、立心以立人

我们都知道，"心之官则思，思则得之，不思则不得也"[⑩]，在现代心理

---

① 陈鼓应注译：《老子今注今译》，商务印书馆2020年版，第86页。
② ［春秋］管仲撰：《管子》，北京燕山出版社1995年版，第343页。
③ 钱穆著：《论语新解》，生活·读书·新知三联书店2002年版，第16页。
④ 钱穆著：《论语新解》，生活·读书·新知三联书店2002年版，第86页。
⑤ 钱穆著：《论语新解》，生活·读书·新知三联书店2002年版，第216页。
⑥ 陈鼓应注译：《庄子今注今译》，中华书局1983年版，第48页。
⑦ 陈鼓应注译：《庄子今注今译》，中华书局1983年版，第142页。
⑧ 陈鼓应注译：《庄子今注今译》，中华书局1983年版，第179页。
⑨ 陈鼓应注译：《庄子今注今译》，中华书局1983年版，第218页。
⑩ 杨伯峻译注：《孟子译注》，中华书局1960年版，第270页。

学、思维学视域下，这句话缺乏科学性。但在心性论和心智论的场域里，"心"却大有说头。严格说，它有两个层面的意思：

一是理性层面的"心"，它具有以概念为核心，进行分析判断、合理推断的功能，思考和谋划都属于这一层面；二是直觉和体悟层面的"心"，它不同于理性认知，如果硬生生将其混同于理性思辨，那无疑就走上了思维的另一轨道而误入他途，甚至误入歧途了。

儒道两家都深谙第二个层面的"心"智功能。

孔子的"己所不欲勿施于人"[①] "己欲达而达人"[②]，说白了，就是将心比心。此外，"朝闻道，夕死可矣"[③] "岁寒，然知松柏之后凋也"[④] "为政以德，譬如把北辰而众星拱之"[⑤] "我欲仁，斯仁至矣"[⑥] 等言论，何尝不都是在启发我们用心去思考体悟呢？

前面已经说到老庄善于立象达意，那一个个"象"比之于纯粹的"言"，好处就在于它们更加感性、丰富、生动。既然如此，如果不用"心"的方式去体悟，何以能觉解？如果别扭地用"知"——理性的方式去分析、判断，岂不南辕北辙？怎能深入对象之底里？

当然，我们还得明白，"立心"只是一种独特的思维方式，这一思维方式取决于对人与世界以及相互关系的独特判断，其最终目的是涵养和锻炼出具有自身独特视角、独特思维方式和全新世界观、人生观和价值观的人。

第八节　人文教育与完整教育

一般而言，人文教育与科学教育相对应，二者并行不悖，互联互动，共同构成人的完整教育。

作为高中学段的基础教育工作者，我们思考的是：高中学段着力培养的人才是不是学业水平与人文素养和谐发展的人呢？

我的答案是：当下普通高中所培养的人才，其学业（成才）与人文素养

① 钱穆著：《论语新解》，生活·读书·新知三联书店 2002 年版，第 372 页。
② 陈鼓应注译：《老子今注今译》，商务印书馆 2020 年版，第 149 页。
③ 钱穆著：《论语新解》，生活·读书·新知三联书店 2002 年版，第 84 页。
④ 钱穆著：《论语新解》，生活·读书·新知三联书店 2002 年版，第 221 页。
⑤ 钱穆著：《论语新解》，生活·读书·新知三联书店 2002 年版，第 21 页。
⑥ 钱穆著：《论语新解》，生活·读书·新知三联书店 2002 年版，第 174 页。

（成人）之间尚有不和谐倾向，即便是高中毕业后升入名校、顶级高校的所谓"精英"学生，他接受的教育也不能说是绝对完整的，一定意义上讲，他们高中毕业时更多的是完成了"成才"的教育，真正意义上的"成人"教育远未完成。

与高校相衔接的高中教育，在学科教育架构上外国与我国差别较大。外国高中——英美、韩德等国是不分科的，日本高考前也是不分科的，高中教育不分科与大学通识教育加专业教育衔接是自然的。

长期以来，我国受"文理分科"教育模式的影响，学生在高中时期所接受的教育往往是厚此薄彼，有所偏向的。学生进入高中后接受的是不完整的教育，这突出表现为，人所必备的通识性知识——不论是人文的、科学的，在一定程度上都有所缺乏。

除此以外，我们自信于基础教育的质量，而孩子的自信心等非智力品格恰是当下基础教育所缺少的。先贤有"无用乃大用"一说，对于个体来讲，"无用"的个性素养、人格精神，看似无用，其实有大用。

这就是我们强调高中教育回归对"人"的完整教育——人文教育最为根本的理由。

第九节　人文教育的内涵和内容

一、何谓"人文教育"

其定义一般为，对受教育者所进行的一种旨在促进其人性境界提升、理想人格塑造以及个人与社会价值实现的教育。其实质是人性教育，核心是涵养人文精神，而人文教育就是成人的教育。自孔子时代以来，人文教育一直是我国教育史上一以贯之的主线，无论"六艺"——礼、乐、御、书、数教育，还是"文（典制）、行（德行）、忠（忠诚）、信（守信）"① 等教育内容，人文教育均居于其首。只不过在人类追求技术进步、专业分工精细化的 19 世纪末、20 世纪有所弱化，针对这一现象，英美等国通过在高校强化通识教育予以纠偏，美国是通识教育的集大成者，在哈佛大学、耶鲁大学等高校有专任的人文教育

---

① 钱穆著：《论语新解》，生活·读书·新知三联书店 2002 年版，第 170 页。

师资，他们认为人文教育是能够帮助人们促进思考、判断、与他人对话、协作的能力，了解人的价值，提升社会责任感和公民素养的教育——是对普通人的教育。而对精英自不待言，要求只会更高。20世纪末21世纪初我国高校陆续开展通识教育实践和研究，使之与专业教育平行推进，形成"成才"与"成人"双轨并行交织的、完整的教育格局。

下面我们用简明等式，来凸显"人文教育"作为教育之一"极"在完整教育中的重要性：

完整教育＝成才教育＋成人教育（人文教育）

完整教育＝生存教育＋幸福教育（人文教育）

完整教育＝应试教育＋素养教育（人文教育）

完整教育以"人格健全""人的全面发展""人的幸福""人的自由"为起点和终点，形成一个"闭环"，指向人的"福祉"和"自由"这一终极追求，因此，可以更为简明地表述为：

完整教育＝人的全面发展教育

完整教育＝人的幸福教育

完整教育＝人的自由教育

二、人文教育的内容

据几十年来的观察和思考，我认为要为孩子们补足的人文教育核心内容，至少包括如下几方面。

（一）艺术教育

艺术教育即"诗"的教育。它陶冶情感与性情，教会孩子审美，回归人的感性本质，使人的心灵始终有一泓不竭的活水滋养自己，成为人生源源不断的动力……肩负这一教育使命的学科可以是艺术学科——音乐、美术、书法等，也可是语文等人文学科，还可以是数理化等学科，因为科学一样是有美的，凡是能给人以美的陶冶、净化人情感的教育就是好的教育。

（二）哲学教育

哲学教育即"思"的教育。人是智慧生物，天生有求知欲望，人要追问自然界的一切，追问人世的一切，追问人生的意义与价值，追问生命、宇宙起源以及其最终走向……总之，对世界以及人自身存在的一切都是人追问与求解的对象，在不断追问与思考中获得终极理性与智慧，回归人的理性本质，哲学教育与艺术教育一起构成涵养纯正人性的两翼，构成健全人格的基本格局。目前高中学段中所有学科都应肩负起这一责任，其中思想政治学科、语文学科责任尤为重大。

（三）心理教育

长期以来，在中小学只有"德育"一说，后来有了"心理健康教育"概念，但只是用来应对"问题学生"的，真正的心理教育应是针对全体的——全体学生、全体教师，其任务在于普及必要心理学知识，开展必要的心理健康教育活动，引导个体自我心理调适，营造积极向上、良性互动的人际氛围。

（四）伦理教育

伦理教育即有关"善"的教育。中国人从来都重视"礼""义"等关乎"善"的教育。历史上成功的教育案例告诉我们，只有真诚的教育者才能唤起接受者的道德感，才能实施有效的教育，孔子何以成为"第一大老师"，在于他的身教，在于"朝闻道，夕死可矣""一以贯之"的真诚；而现实世界里，真正让学生信服与接受的好教育，除了专业能力精湛外，从教者的为人真诚程度与人格境界也是影响实际教学教育水平高低、影响力久暂的重要因素。

（五）历史教育

历史教育即有关"根"的教育。它包括下述含义：一是情感的纽带，任何个体总是存在于一定家庭、地域、族群中，这些特定家族史、地方史、民族史成为人的精神脐带。二是思维方式的纽带，历史除了向个体传递情感外，还要通过历史文本和生活实际场景传递给这个人其所在团队、族群思考问题的思维方式。如果丢失历史，就会失去自己的文化身份符号。

（六）科学教育

科学教育即有关"真"的教育。科学技术使人专精，虽然并不是人人都得从事科技工作，但人人都应具备技术理性精神和专业意识，这样社会各项活动才会回归有序和理性而避免盲目和非理性。当下科学教育与艺术教育并行不悖，一则我们需要与欧美比肩的科技精英；二则全民需要有科学精神，同时需要强化艺术教育，以便开发人的想象力、激发人的情感，为创造创新注入不竭活力，即所谓科技、艺术"两手都要硬"。当然，这里的"艺术"是切合艺术之超功利本质的真正艺术，而不是矮化为考试工具的技艺；"科学"也不仅仅指科学知识、科技能力，而是说要强化科学精神与科学品格。

（七）"三观"教育

"三观"，即世界观、人生观和价值观。世界观是人对自己所处的世界——

自然界、人类社会以及对其自身的最根本的看法和最基本的观点。世界观教育，就是要引导学生登高临远，对自然界、人类命运以及人性本质等宏大主题作终极思考，做一个真正有格局的人。人生观教育，就是要引导学生对人生理想目标、职业规划等做出必要思考，使其人生之路行稳致远。人是价值存在物，价值判断无处不在，价值观教育无处不在、无时不有。对于涉及人自身、自我与他人、自我与社会等诸多事项，教育者均应对学生作相关正向价值引导。所谓"正向价值"，就是要既符合个体情感、利益需求，又能满足他人和社会公共利益的诉求与需要，把人培养成心理健全的、富有正能量的人。

概言之，所谓由成才教育和成人教育复合而构成的"完整教育"，特别是当下较为缺失的"人文教育"具有普遍教育意义。"君子不器"一词我们耳熟能详，"不器"不是放弃"器"，成为专才、专家，而是要成为通才，有深厚素养，有更高人生境界，特别是要明大势，"三观"正，有趣味，有情怀，有梦想，有胸怀，这是人之为人的大端。

"而养国子以道。乃教之六艺：一曰五礼，二曰六乐，三曰五射，四曰五驭，五曰六书，六曰九数"①，作为教育者特别是基础教育工作者，我们如何"养国子"，是一个值得严肃面对的问题。

---

① 徐正英、常佩雨译注：《周礼（上）》，中华书局 2014 年版，第 294 页。

第六章　同一条河流：东西方思维方式的会通

中华民族与西方各民族一直面临同一条河流，这条河流就是流变不已的历史长河。我们也正与世界人民面临同一条河流，这条河流就是现今时代——一个百年未有之大变局的时代。

面对同一条河流，东西方先贤的思维方式是不同的。早在轴心时代，西哲赫拉克利特说：人不可能两次踏入同一条河流。[1] 他的学生克拉底鲁说得更绝：人一次也不可能踏入同一条河流。[2] 而我们的圣人孔子是这样讲的："逝者如斯夫，不舍昼夜!"[3] 虽则面对同一条河流，说的都是时间流变、世事变迁这个问题，但细心的人会发现，他们的思维方式却迥乎有异。

赫拉克利特和克拉底鲁是用理性分析眼光看待世界的。想想，人为什么不可能两次踏入同一条河流？因为在赫拉克利特看来，当自己的脚第一次踏入河流时，它对应着水流中某个质点，而当这只脚再次踏入时，它对应的质点已经不是先前那个质点了，所以说这句话实际上讲的是，人的那只脚不可能两次对应水流中同一个质点。这显然是在对河流、人自身的脚以及它们之间的对应关系做了分解和分析。克拉底鲁分析得更为细致，他认为，那只踏入河流的"脚"，抬起时对应或对准河流的是某个质点，而其真正进入或踏入河流时却又是另一个质点，因为在"对准"河流与"进入"河流之间一定有一个时间间隔，由于时间差的存在，脚与河流之间的对应关系也随之发生了改变。面对同一条河流，赫拉克利特和克拉底鲁二人的语言表述虽有差别，但其思维的本质特征无疑是一致的，即都属于理性分析型思维方式。

孔子则是用整体直觉的悟性思维或形象思维方式看待世界的。面对同一条河流，孔子并没有做任何分解或分析，而是把河流作为一个整体来感知，表达他对眼下这条河流的直觉观感，而这一观感又会触发我们对这条实存河流、不

---

①　转引自全增嘏主编：《西方哲学史（上册）》，上海人民出版社 1988 年版，第 47 页。
②　转引自全增嘏主编：《西方哲学史（上册）》，上海人民出版社 1988 年版，第 47 页。
③　钱穆著：《论语新解》，生活·读书·新知三联书店 2002 年版，第 215 页。

在眼前的有形河流以及与有形河流类似的无形河流——时间之河流、无穷的人物及事物生生灭灭的无限联想。

面对同一条河流，孔子用自己整体观感、直觉与想象引发他人的联想、想象与思考，这与西方赫拉克利特和克拉底鲁的理性分析思维判然有别。

如果以上述观察和分析为起点，系统浏览东西方思想史、思维史和精神文化史，我们会发现，理性分析型思维方式是西方思维的显著特征，这在目前的"零和博弈""强权政治"以及科学实验、日常生活习惯细节中都无不有所显现。而形象思维的各类形式，表象、想象、联想或直觉、隐喻、象征、类比等也延续至今，在中国人中以及受中华精神文化渐染的文化圈里大量存在。

限于篇幅和笔者个人研究所限，在此就不深入探讨东西方思维方式的不同以及二者优劣，只是想指出如下几点，供有识之士进一步思考和探究：

其一，世界目前正处在分裂和交融的十字路口，交融和互渗、互动似乎是大势所在，人流、物流、资金流、信息流和各类"流"在技术支撑和工具支持下，流动规模和速度加剧，所有这些使思维方式的交融互鉴具备了现实条件，因此，我们大胆推断，东西方各自擅长的思维方式也可能实现互动和交流，并最终实现融通共进。

其二，有人断言21世纪是"人文教育"的世纪，我则认为，前述抽象理性思维方式与形象感悟的形象思维方式的融合教育是人文教育落地的有效路径。

其三，抽象的理性思维方式与感觉体悟的形象思维方式的融合教育需要课程化的支撑。整体思考、顶层设计、编制课程方案、分步推进教学并评估检测等是课程化的基本要求。

其四，心理学、思维学、脑科学等基础科学研究，是推进思维融合教育的必要支撑，要花大力气开展相关研究，特别要借鉴国外有关研究成果，以期实现思维融合教育研究对此类国际先进水准的赶超，进而最终实现人才培养的赶超。

其五，中华优秀传统文化元典，是思维融合教育研究的宝贵资源。要强化思维教育课程资源开发的多维度展开，对传统文化展开学习，特别注重强化师资培训以带动课程开发。中华优秀传统文化元典的思维融合教育是一项惠及民族复兴的巨大工程。

其六，东西方思维融合教育研究，是宏大的系统工程。要计从长远，不可急于求成。可先行设计实验方案，选择、设置实验基地，先行先试，待积累足够经验再做推广研究。

下 编 笃于行

第七章　教学设计　学案设计

这里选入五则代表性教学设计和两则代表性学案设计。

诗歌是我开展文学教育和有关教学探索的切入口。三则关于诗歌鉴赏的设计，郑愁予《错误》一诗教学是 2007 年上的一堂有关想象力开发的展示课，除了想象力开发，我们还深入理性探究层面，另两则诗歌教学设计，一则是有关诗歌鉴赏的宏观、中观和微观模型探究；一则是《开放性诗歌鉴赏题的解答设计》，主要研讨诗歌比较鉴赏对于诗歌教学的方法论意义。

"当人生面临困境时——以苏轼词作鉴赏为核心的群文阅读"，是我参加市级、省级、国家级"一师一优课"的获奖课例，现在看来尚有瑕疵，但它是我借班上课、尽力而为的一堂有关文言散文的群文教学课，其时痛快淋漓之感，记忆深刻，此处录入了该课例的学案以留住其时的教学印记，只是未能把课堂实录的视频素材转换成文字而载入本书，有些遗憾。

第一节　《错误》教学设计①

一、教学目标

在探究多角人物关系、利用诗歌文本若干空白点构制画面和情境的过程中，充分调动学生想象，培养想象力；讨论"美丽的错误"这一悖论性说法，培养学生的思辨力；引导学生思考人生命运，珍惜机遇，把握过程。

---

① 此设计为笔者的 2009 年省级课题子课题"诗歌教学模型研究"现场结题展示课设计。

二、教学重点

"教学目标"的第一点内容。

三、教学难点

"教学目标"的第二点内容。

四、设计思路

贯彻建构主义教学理念，在教学过程中，引导学生从已知到未知，从已学的可供比较的爱情抒情诗入手，让学生在比较中自主学习，特别安排两个完全由学生主导的环节：学生置疑提问环节和学生总结学习本诗得失环节。严格遵循"少预设，多生成"的原则推进整个教学过程，教师对教学的推进只作宏观构想，教学细节由学生推动，由课堂现场实际生成。整个教学主要围绕三个环节进行：第一个环节，欣赏诗作的外在美；第二个环节，欣赏诗作的音韵美；第三个环节，品味诗作的意蕴美。重心在第三个环节，三个步骤之间又相互勾连、照应，朗诵和默读则贯穿始终。

五、教学手段

幻灯片、多媒体。

六、教学时数

一课时。

七、教学活动

【活动一】导入

教师提问：大家都看过《错误》这首诗了，与已经学过的类似题材诗歌比，感觉它有什么特别的地方吗？请讲一讲。

学生活动。（略）

【活动二】 欣赏诗歌的外在美

教师提示：就像初次接触一个人时，我们会首先留意他的外貌一样，鉴赏诗歌，最容易关注的也是其外形，即外在结构，请大家把这首诗与刚学过的几首诗比较，看其外在结构上有什么特别之处。

学生观察回答。（略）

多媒体显示：对称美、整齐美、长短错落之美、整散结合之美。

【活动三】 欣赏诗歌的音韵美

教师提示：了解了一个人的外形特征之后，我们还可能与他交流，听他谈话。现在就让我们与这首诗"交流"一下，不过不是听它说话，而是用我们自己的朗诵传达出诗的音律，是我们代它"说话"。

学生齐读。（略）

教师问：感受到韵味了吗？留心一下，是哪些元素促使它韵味的生成？

学生讨论。（略）

多媒体显示：押韵、叠音、整散、类叠、"的"字。

学生再读。（略）

【活动四】 欣赏诗歌的意蕴美

教师提示：现在我们来进一步把握这个"人"，这个"人"个头不高，"说话"好听，他的"个性"（诗的情感基调）怎样？与《致橡树》《我愿意是急流》相比，有什么特别的？

学生思考、讨论。（略）

多媒体显示：凄婉，凄美。

学生朗读、体会。（略）

教师提示：与《致橡树》《我愿意是急流》比较，本诗涉及几个人物和角色？他们之间是什么关系呢？

多媒体显示：等待我的人—我—你—归人。

教师提示：这些人物在什么地方有些什么活动？

多媒体显示：江南—小城，街道—春帷—窗扉—马蹄。

教师提示：充分展开想象，想想上述背景下，人物们可能有些什么活动，口头描述出来，越贴切越具体越生动越好。

学生描述。（略）

（注：在上述三个环节中视情况插入学生的朗诵与默读）

教师提示：大家对上述说法还有什么可补充和置疑的？

学生活动。（略）

比较鉴赏，多媒体显示：

郁孤台下清江水，中间多少行人泪？西北望长安，可怜无数山。青山遮不住，毕竟东流去。江晚正愁余，山深闻鹧鸪。（辛弃疾《菩萨蛮》）

纱窗日落渐黄昏，金屋无人见泪痕。寂寞空庭春欲晚，梨花满地不开门。（刘方平《春怨》）

梳洗罢，独倚望江楼。过尽千帆皆不是，斜晖脉脉水悠悠，肠断白蘋洲。（温庭筠《忆江南》）

去年今日此门中，人面桃花相映红。人面不知何处去，桃花依旧笑春风。（崔护《题都城南庄》）

墙里秋千墙外道。墙外行人，墙里佳人笑。笑渐不闻声渐悄，多情却被无情恼。（苏轼《蝶恋花》下阕）

【活动五】 探究"美丽的错误"

教师提示："美丽的谎言"恐怕大家都听说过，但为什么要这样表达呢？对本诗中的"美丽的错误"，大家可以想一想，该怎么理解。

学生讨论。（略）

多媒体显示：爱情—机遇、缘分—漂泊、追寻的心态；过程是美丽的，过程是错误的；想象是美丽的，想象是虚无的。

学生置疑、补充。（略）

多媒体显示：你有美丽得使人忧愁的日子，你有美丽的夭亡。（何其芳《花环》）

美丽的暴君！天使般的恶魔！（莎士比亚《罗密欧与朱丽叶》）

【活动六】 学生总结

学习本诗的得与失。（略）

【活动七】 作业

选择性背诵《错误》以及课堂引入的诗词、文句。

【板书】

外在美—音韵美—意蕴美

等待我的人—我—你—归人

江南—小城

爱情—机遇、缘分—追寻、漂泊的心态

过程是美丽的，过程是错误的

想象是美丽的，想象是虚无的

第二节　诗歌鉴赏模型①

一、教学目标

了解掌握鉴赏诗歌的两种基本模型：由"情（谜底）及景（谜面）"式和"由景（谜面）及情（谜底）"式，体悟有关诗词的意境。在教学中，特别注重对学生心理和谐发展的教育。

二、设计思路

通过小学、初中以及高一阶段的诗歌学习，高二学生对诗歌已有了一定感性积累，但很多人对如何读懂诗歌、进入诗歌意境却感到茫然，因此，教师有必要适时进行诗歌鉴赏方法的指导。诗歌的基本构成元素或要件有"景"与"情"两个，因此，鉴赏诗歌的切入点也在此；按预设与生成交互作用的理念设计教学，即一方面以学生自主探究活动为主体，另一方面教师自始至终适时给予指导。

三、设计依据

（一）关于诗歌起源的理论

《毛诗序》中说："诗者，志之所之也；在心为志，发言为诗。情动于中

① 此设计为笔者的 2009 年省级课题子课题"诗歌教学模式研究"研究课设计。

而形于言：言之不足，故嗟叹之；嗟叹之不足，故永歌之；永歌之不足，不知手之舞之足之蹈之也。"① 不难看出，诗歌作者的创作，是按"情或志—象或物—言"的模型或路线来形成自己的作品的，即创作诗歌时，是按"意—象—言"的逻辑线路，作者先有了某种感触（"情志"或"情思"），而后设法用一定载体表达出来，这个载体并不直接就是"言"——文字符号，文字符号是最终呈现给读者的物化结果，在这之前还有一样东西是作者头脑里要有的，即用以承载自己情感或情思的物象和意象，这一点在引文中没有点明。读者在鉴赏诗歌时，则是逆向而行地沿着"言—象—意"的路线把握诗歌作品。

（二）朱光潜有关诗歌的谐隐理论

按朱光潜在《诗论》中的说法，读诗犹如猜谜语。具体说来，在"言—象—意"的模型里，存在双重谜面和谜底，等我们去猜：第一重，由"言"到"象"，"言"是谜面，"象"是谜底；第二重，由"象"到"意"，"象"是谜面，"意"是谜底。②

（三）建构主义理论

建构主义教学观认为，学习是学习者为最终完成意义建构而进行的活动，在这个活动中，学生理应成为主体或中心，而教师则是活动的忠实支持者和积极帮助者、引导者。

四、教学辅助工具

多媒体。

五、教学时数

一课时。

---

① 转引自郭绍虞著：《中国文学批评史（上册）》，商务印书馆 2012 年版，第 61 页。
② 参见自朱光潜著：《诗论》，广西师范大学出版社 2004 年版，第 16～33 页。

六、教学活动

【活动一】引入——读诗如猜谜语

教师提问激疑：同学们，以往我们学了很多诗歌，大家最头疼的是什么？

学生猜谜激趣：试猜下面两首民间歌谣的谜底。

小小一条龙，

胡须硬似鬃，

生前没点血，

死后满身红。

（谜底：虾）

啥？

豆巴，

满面花，

雨打浮沙，

蜜蜂错认家，

荔枝核桃苦瓜，

满天星斗打落花。

（谜底：麻子）

教师明确：读诗如猜谜语。

"言"，文字符号（谜面）—"象"，具体物象、意象或形象（谜底）。

"象"，具体物象、意象或形象（谜面）—"意"，作者情思（谜底）。

【活动二】教师引导学生试"猜"下面两首诗，建构诗歌鉴赏的两种基本
模型

《长歌行》（乐府歌集·相和歌辞）的鉴赏：

原诗：青青园中葵，朝露待日晞。阳春布德泽，万物生光辉。常恐秋节
至，焜黄花叶衰。百川东到海，何时复西归？少壮不努力，老大徒伤悲。

教师提问：该诗的诗眼句是什么？

学生很容易找到：少壮不努力，老大徒伤悲。也很容易明白其主旨：珍惜
时间。

教师指出：这就是该诗的"谜底"，但读诗仅仅找到了谜底，明白了它的
惜时主旨，还不算真正读懂了诗，真正读懂诗需要我们弄清楚诗歌的主旨、意

趣是附着在什么物象上的，需要把作者的主观意趣、情思与诗中的意象结合起来、进入诗的意境。因此，请大家圈点出该诗的意象，并看看它们与诗眼句的联系。

学生圈点出：园中葵、朝露、阳春、万物、百川等，然后讨论。

提问：这些意象有什么特征？相互的关联是什么呢？它们与诗眼的联系是什么？

师生共同得出结论：

第一，包括"园中葵"在内的"万物"沐浴"朝露"之中，"日晞"之时，"阳春"的"德泽"之下，"园中葵"是"青青"的，万物是有生机的，而随着时节的推移（"秋节至"），美好便不再了（"焜黄花叶衰"）；"百川"随着地点的转换（"东到海"），也就再没有回头之时（"何时复西归"其实是：无时再西归）。两个方面合起来就是：万事万物，只要时过境迁，便无一例外地发生改变，甚至面目全非，无可挽回！——这是自然的铁律。

第二，诗眼，即诗的主旨是说人要珍惜时间。这是诗的"本体"或"谜底"（要想表达的意思），但是诗人没有直接说，而是先用大段文字、多个意象形象地展示自然规律，使我们具体形象地感受到惜时的必要，这便是诗的"喻体"或"谜面"——光知道一个抽象的结论（主旨）不是读诗，只有这样贯通"谜面"和"谜底"，既把握主观情思，又深味客观物象，才算真正进入了诗的意境，才算读懂了诗！

《渔翁》（柳宗元）的鉴赏：

原诗：渔翁夜傍西岩宿，晓汲清湘燃楚竹。烟销日出不见人，欸乃一声山水绿。回看天际下中流，岩上无心云相逐。

教师提醒学生观察和思考：与上一首诗比较，这首诗有无表明主旨、情思（志）的词句？没有的话，我们怎么读懂它、进入其意境？

教师提示：虽然不能由"谜底"到"谜面"的二元模型来解读，但经过筛选，我们发现真正为难我们的是"欸乃一声山水绿"和"岩上无心云相逐"两句。

学生讨论、解读、探究上面两句，形成下面意见：

关于第一句：渔人在青山绿水之间，心情舒畅地唱起来。渔人一声歌唱，回音不绝，余音袅袅……

关于第二句：渔人回看山间天际，愉快而悠闲地顺流而去。渔人像山间、天际的云朵一样悠闲地飘来飘去……

整首诗中的山、水、云和人虽融为一体，但从具体描摹中，我们可以揣摩出渔人闲适而又自在的情怀，它是诗人自身的写照——这便是本首诗的主旨或"谜底"。

【学生比较和思考】

教师提问：这首诗的解读思路和方法，与对上首诗的解读有何不同？

师生共同明确：对上首诗的解读，是按"谜底"—"谜面"的路线，即先把握诗的情思（志）或主旨，再解读意象，进而把二者连贯起来思悟，最终读懂诗歌。（多媒体）

对第二首诗的解读，则是按照"谜面"—"谜底"的思路，即先品读、揣摩意象，再从对意象的品读中捕捉作者的旨趣，最终达到读懂诗歌的目的。

教师提问：综合两首诗的主旨，我们要持什么样的人生态度？

师生共同明确：一方面要惜时如金；另一方面要爱惜、调适好生活节奏，做到适可而止，有利于身心健康发展。

【活动三】学生运用前面模型，自主鉴赏诗歌

鉴赏篇目：曹操的《短歌行》、刘禹锡的《石头城》。

鉴赏策略：学生先就其中一首，自主地按前面两种模型独立阅读；学生独立鉴赏完之后，与鉴赏同一首诗的同学合作讨论，交换意见，再深入揣摩和理解该诗；各小组代表陈述阅读结果；师生共同总结。

鉴赏过程：（略）

【活动四】强化练习

把由语文出版社出版的《普通高中课程标准实验教科书 语文（选修）唐宋诗词鉴赏》中涉及的三十六首诗词按两种鉴赏模型作一个粗略分类，看看所学模型的适用性；课后按课上所学的两种模型，任选两首诗词来鉴赏，如杜甫的《蜀相》和李商隐的《锦瑟》等。

【教学反思】

由于诗歌鉴赏模型的构建源于对诗歌本身内在规律的认知，因此对诗歌鉴赏模型的学习虽然只有短短一节课，学生收获却很大，对两种模型心领神会，能按基本模型解读所遇到的诗歌，这说明这种模型教学是有效的，当然，这也说明实际教学操作背后有关学理探究的价值。但要完全让学生熟练掌握模型，自觉运用到平时的鉴赏活动中还需假以时日。课上所探究到的只是两种基本模型，有没有第三种模型或更多模型呢？这一问题值得再作探讨。诗歌教学固然

可以有模型，但包括诗歌教学在内的教学活动不可以模型化，因为模型化必然导致死板和僵化，违背教育初衷。

第三节　开放性诗歌鉴赏题的解答①

一、教学目标

在分考点训练学生解答诗歌鉴赏题的基础上，总结鉴赏诗歌的一般切入角度或切入点。懂得鉴赏给定的任意诗歌对象，其实质就是与已鉴赏过的某经验对象作比较，在比较中实现迁移和领悟，而比较的一般方法是：异中求同，同中见异。总结出诗歌鉴赏的一般条件和方法：调动文本信息（诗歌正文、题目、作者、注释等）和非文本信息（鉴赏者的有关储备和积累）作为鉴赏者想象和联想的依据，充分发挥想象力进入诗歌意境。

二、设计思路

采用归纳的教学思路，让学生与教师在共同研讨练习题的过程中一起总结有关方法和要领，分三步完成有关教学目标：第一步，给出两组高考仿真模拟题，通过解答让学生初步感受诗歌鉴赏的切入点以及异中求同和同中见异的一般方法。第二步，做练习题时，只提示从内容和形式两个大的方面入手去鉴赏和比较，在具体比较鉴赏的操作过程中，师生弄明白内容和形式之下的具体切入点，为第三步做准备。第三步，在前两步基础上，直接呈现诗歌若干首，不给具体题目要求，让学生充分利用文本信息和非文本信息来鉴赏，最终总结出诗歌鉴赏的一般方法和条件。在上述三步教学活动中，教师本着"少预设，多生成"的思想，重在提供基本思维素材和思维框架，让学生充分调动已有积累自主解决问题，自我总结，得出有关结论。

---

① 此教学设计为笔者的 2009 年省级课题子课题"诗歌教学模式研究"研究课设计。

三、教学重点与难点

"教学目标"中第三点内容。

四、教学手段

幻灯片、多媒体。

五、教学时数

一课时。

六、教学活动

【活动一】导入：苏格拉底教学生择偶的启示

教师讲故事并提醒学生思考其给我们的启示：古希腊哲学大师苏格拉底的三个弟子曾经请教老师怎样才能找到理想伴侣。大师没有直接回答，却让他们走麦田田埂，只许前进，不许后退。在路上，可以摘取自己认为最大最好的麦穗，但机会只有一次。

第一个弟子刚走了几步，看见一只又大又漂亮的麦穗，高高兴兴地把它摘了下来。在继续前进的路上，他发现有许多更好的麦穗，却不能再摘了，只好遗憾地走完了全程。

第二个弟子吸取了第一个弟子的教训，每当他要摘取麦穗时，总想着后面可能还有更大更好的麦穗。直到临近终点时，他才发现机会错过了，只好无奈摘下一棵收场。

第三个弟子吸取了前两位的教训，当走田埂的第一个三分之一时，他把麦穗分出大、中、小三类，在走田埂的第二个三分之一时，验证他前面的分类是否正确，等到了田埂最后的三分之一时，他挑选了大类中一棵最美的麦穗。他所摘取的虽然不一定是最大的一棵，但却满意而归。

在稍事思考后，教师明确：苏格拉底的第三位弟子之所以能做到"满意"，在于他善于观察、比较、分析、思考和归纳。借鉴苏格拉底的智慧，我们来解答开放性诗歌鉴赏题。

【活动二】仿真比较鉴赏

1. 阅读下面两首唐诗以及相关材料，然后回答问题

<table>
<tr><td>**寒 食**</td><td>**寒食寄京师诸弟**</td></tr>
<tr><td>孟云卿</td><td>韦应物</td></tr>
<tr><td>二月江南花满枝，</td><td>雨中禁火空斋冷，</td></tr>
<tr><td>他乡寒食远堪悲。</td><td>江上流莺独坐听。</td></tr>
<tr><td>贫居往往无烟火，</td><td>把酒看花想诸弟，</td></tr>
<tr><td>不独明朝为子推。</td><td>杜陵寒食草青青。</td></tr>
</table>

【注】 寒食：我国古代的一个传统节日，在清明节的前一两天。相传晋文公为寻找携老母亲躲进深山的、曾辅佐自己的忠臣介子推，要对其封赏。他烧山三天，结果介子推母子抱着一棵柳树而死。为了纪念介子推，晋文公下令在山上建立祠堂，并把放火烧山的这一天定为"寒食节"，晓谕全国，每一年这一天禁忌烟火，只吃寒食。杜陵：在长安东南，是唐代长安人游乐之地，也是作者的故园所在。

（1）这两首诗从体裁上看，都属于_____。师生共同研讨并得出答案。研讨过程及所得出的答案，此处从略。

（2）请简要分析《寒食》和《寒食寄京师诸弟》两首诗所表达感情的异同。师生共同研讨并得出答案。研讨过程及所得出的答案，此处从略。

2. 阅读下面两首唐诗，完成（1）（2）题

<table>
<tr><td>**舟中读元九诗**</td><td>**闻乐天授江州司马**</td></tr>
<tr><td>白居易</td><td>元 稹</td></tr>
<tr><td>把君诗卷灯前读，</td><td>残灯无焰影幢幢，</td></tr>
<tr><td>读尽灯残天未明。</td><td>此昔闻君谪九江。</td></tr>
<tr><td>眼痛灭灯犹暗坐，</td><td>垂死病中惊坐起，</td></tr>
<tr><td>逆风吹浪打船声。</td><td>暗风吹雨入寒窗。</td></tr>
</table>

（1）请简要分析这两首诗抒情方式有何不同，师生共同研讨并得出答案。研讨过程及所得出的答案，此处从略。

（2）两首诗都把写景、叙事、抒情有机结合在一起，但在写景上两诗又有不同之处，各有优点，请就"灯"这一物象作简要分析，师生共同研讨并得出答案。研讨过程及所得出的答案，此处从略。

3. 有关总结（多媒体）

我们在设计中有意识不给出答案，意在突出对于方法的总结和归纳。在这

两组练习中容易发现下面两点：第一，所谓比较鉴赏，要么求同，要么求异，要么既求同也求异，即或同中见异，或异中求同。第二，同或异的比较都围绕两个大的方面或比较点进行：诗歌的内容和形式。

【活动三】迁移比较鉴赏

1. 对下面两首诗作比较鉴赏（幻灯片）

<table>
<tr><td align="center">汴河曲</td><td align="center">汴河怀古（节选）</td></tr>
<tr><td align="center">李　益</td><td align="center">皮日休</td></tr>
<tr><td>汴水东流无限春，</td><td>尽道隋亡为此河，</td></tr>
<tr><td>隋家宫阙已成尘。</td><td>至今千里赖通波。</td></tr>
<tr><td>行人莫上长堤望，</td><td>若无水殿龙舟事，</td></tr>
<tr><td>风起杨花愁杀人。</td><td>共禹论功不较多。</td></tr>
</table>

鉴赏的过程以及得出的答案从略。

2. 对下面两首诗作比较鉴赏

<table>
<tr><td align="center">寻陆鸿渐不遇</td><td align="center">寻隐者不遇</td></tr>
<tr><td align="center">皎　然</td><td align="center">贾　岛</td></tr>
<tr><td>移家虽带郭，</td><td>松下问童子，</td></tr>
<tr><td>野径入桑麻。</td><td>言师采药去。</td></tr>
<tr><td>近种篱边菊，</td><td>只在此山中，</td></tr>
<tr><td>秋来未著花。</td><td>云深不知处。</td></tr>
<tr><td>叩门无犬吠，</td><td></td></tr>
<tr><td>欲去问西家。</td><td></td></tr>
<tr><td>报道山中去，</td><td></td></tr>
<tr><td>归时每日斜。</td><td></td></tr>
</table>

鉴赏的过程以及得出的答案从略。

3. 有关归纳和总结

按照上述教学步骤所提供的比较鉴赏思维框架，我们可以从内容和形式两个大的方面来“求同”“见异”。

第一小题的两首诗，其同在于：题材（即内容方面）上都写汴河或隋亡，体裁上都是七绝（即形式方面），而且都用了对比手法，前者古今对比，后者将隋炀帝与大禹对比（即形式上相同）。其异在于：李诗怀古伤今，皮诗理性评价（传达内容异）；李诗由状景而抒情，皮诗由叙事而论理（诗歌结构模型形式异）；李诗是抒情诗，皮诗是哲理诗（类型或形式异）。

第二小题的两首诗，其同在于：都写主人公品性的超尘与高古（主旨即内容同），都写寻人而不遇（题材，即内容同）。其异在于：贾诗是五绝，皎诗是五律（体裁，即形式异）。更为主要的是，贾诗简洁明了，给读者留下了无限的想象空间，绘制出一幅冲淡清远的图画，画面的主人公便是那位仙气十足的"师"者；皎诗则细致描绘了环境细节、寻访不遇时的心境以及邻人较为肯定的回答，显得工巧而细微（表达风格，即风格异）。

上述讨论后，师生一起回忆第一轮复习诗歌专题讲的有关诗歌"内容"和"形式"两大模块中各自包含的小模块。其中，内容包括形象（人物形象、物象、景象）、情思、情感和观点、题材或素材等，形式包括修辞、表达方式（叙述、说明、描写、抒情和议论）、表现手法（烘托、用典、渲染、虚实、动静、想象联想、赋比兴、以景衬情、炼字等）、体裁等，形式和内容合一的风格。教师启发学生思考："求同"也好，"见异"也好，都要从这些"点"入手。

教师进一步启发学生思考。面对一首诗，我们如何下手？待他们充分领悟后，教师着重强化两点：第一，要把诗歌的内容和形式所包含小模块作为切入口去理解；第二，要有意识地把给定诗歌与自己熟悉的诗歌（整体或局部）作比较，寻求适切的理解、迁移。

【活动四】开放性鉴赏

1. 鉴赏下面一首诗

登鹳雀楼

畅　当

迥临飞鸟上，

高出世尘间。

天势围平野，

河流入断山。

读这首诗，很容易引导学生将其与王之涣的《登鹳雀楼》作比较，并发现有下面几点不同：一是王诗借景抒情并论理，情景理融为一体，而此诗情景交融，借景抒情；二是正因为有前一点，王诗就显得内涵更丰富、意境更高远深厚，气势更大，畅诗则要单薄逊色一些，这恐怕也是王诗流传更广、大家耳熟能详的原因所在。

懂得了上述不同，学生是不是也就读懂了这首诗呢？

2. 鉴赏下面一首词

塞鸿秋·浔阳即景
周德清

长江万里白如练，淮山数点青如靛，江帆几片疾如箭，山泉千尺飞如电。晚云都变露，新月初学扇，寒鸦一字来如线。

读此诗，虽然不能像读上一首那样找到与整首诗十分相像的对象作比较，但有如下工作可做：

其一，读"长江万里白如练"一句，可以与"千里澄江似练"比对，读"山泉千尺飞如电"，则可与"飞流直下三千尺"关联，进而领悟其意境。

其二，像"白"与"青"的色彩对比、大小与远近的结合、动与静的和谐等，都可以在学生已有的阅读经验中找到落脚点。

其三，词的前六句以乐境写乐情，最后一句则以哀景写乐情，整个词的感情基调是乐的，这些都可以从学生的知识储备中得到指引。

【活动五】 总结

师生共同归纳出下述几点：

第一，对诗歌比较鉴赏而言，就是要从内容和形式两大模块以及各自所包含的若干方面入手，异中求同，同中见异。

第二，对任意给定的在个人阅读经验以外的诗歌，对它的鉴赏，要相信总有一个或一些自己熟悉的诗歌对象可以用来与陌生的鉴赏对象作比较，在比较中求同见异，我们就能达到迁移、领悟诗歌意境的目的。

第三，诗歌鉴赏的一般条件和方法：调动文本信息（诗歌正文、题目、作者、注释等）和非文本信息（鉴赏者头脑中有关储备和积累）作为鉴赏者想象和联想的依据，充分发挥想象力进入诗歌意境。

第四，诗歌比较鉴赏之"比较"，是值得推广的学习方法。语文学科其他模块的学习乃至其他学科的学习，都可借鉴。因此，我们可以得出这样的结论：比较、迁移、由已知到未知，把未知变成已知。这是学习的一般规律。

【活动六】作业：鉴赏下面两首诗

<table>
<tr><td align="center">十五夜望</td><td align="center">月宫词</td></tr>
<tr><td align="center">王　建</td><td align="center">张　祜</td></tr>
<tr><td align="center">中庭地白树栖鸦，</td><td align="center">故国三千里，</td></tr>
<tr><td align="center">冷露无声湿桂花。</td><td align="center">深宫二十年。</td></tr>
<tr><td align="center">今夜月明人尽望，</td><td align="center">一声何满子，</td></tr>
<tr><td align="center">不知秋思落谁家。</td><td align="center">双泪落君前。</td></tr>
</table>

【教学后记】

本设计在高2004级3班（普通班）和12班（重点班）的实际教学中得到实施，学生经过学习，基本能达到教学设计和教学目的所预设的要求，表明该设计具有操作性，有关教学模型的归纳，以及"少预设""多生成"的基本思想也得到了落实，因此，这一设计被证明是成功的。

不过，由这一教学设计所得出的有关教学思路和教学思想，尚需进一步实践证明，也需要有进一步的理论学习来验证与完善。

第四节　当人生面临困境时
——以苏轼词作鉴赏为核心的群文阅读①

一、教学目标

诵读，以诵读为首要方式直观感受苏词，获得初步审美印象。想象、联想，让学生链接相关历史（传说）故事，用想象和联想还原文本所展示的场景，尝试进入作者的情感世界。思辨，通过对比分析文本，联系作者创作背景，领悟其审美人生态度。

二、教学分析

学生高一已学习苏轼《赤壁赋》一文，本课时所学《念奴娇·赤壁怀古》和《定风波》两词不仅与其文作于同一年，且基本内容相关联，具有极大可比

---

① 此课例2019年获得区级、市级、省级一等奖以及教育部奖励。

性。《望江南·超然台作》的写作虽早于前面的文和词，但内容一样有贯通之处。《超然台记》一文可视为较为直白地表述苏轼审美人生观的文字，放到一起学习，可以帮助学生明了苏轼面临人生难题时的解决之道。

本课涉及内容较多，需学生提前预习，行课时也需酌情分清主次，针对学生现场学情来决定鉴赏内容和鉴赏顺序。

三、教学课时

一课时。

四、教学媒体

PPT 课件。

五、教学活动

【活动一】导入，与学生协商确定鉴赏任务及顺序

师生交流并确定《念奴娇·赤壁怀古》《定风波》《望江南·超然台作》三首词的鉴赏顺序。

明确鉴赏议题：苏轼面临人生困境的态度。

【活动二】诵读，感受苏词"如海"魅力，并初感三首词情感基调异同

学生试读：出声朗读，不要求齐读。

教师范读：范读之前和之后，提示朗读要领：字音、重音、停顿、音调、语速、情感等。

学生再读：对应教师提示，逐段让学生个别尝试、小组尝试，最后全班齐读。

【活动三】品读，还原词作意境，领悟作者情感

《念奴娇·赤壁怀古》：人（作者、周瑜等）—景—情（人生态度）。

《定风波》：事—人（作者）—理（人生态度）。

《望江南·超然台作》：景—人（作者）—情（人生态度）。

【活动四】探究、辨析三首词中作者所面对的困境之异以及人生态度的异同

三首词与《前赤壁赋》对读，看看其所面对的人生问题之异。

三首词与《超然台记》对读，看看其对人生问题的应对策略、态度之同。

【活动五】总结、激发学生进一步学习的兴趣，指导学生阅读苏轼作品

肯定学生表现和学习成效。

交流对苏轼有关信息以及作品阅读心得。

【活动六】布置作业，本课内素材的后续学习和《苏轼传》以及苏轼其他作品的阅读

第五节　儒道之道，道不远人之儒道相融①

一、教学目标

初步了解道家思想，初步理解和感悟"儒道相融"的人生智慧，积累有关传统经典条目。

二、学情分析

学生对《论语》代表的儒家思想已有一定接触，但对以老庄为代表的道家思想缺乏了解，因此本课聚焦于二者"相融"的人生智慧，联系有关案例，使学生获得切实感悟。

三、教学设想

预备开展三方面的活动来完成教学任务：学生课前熟悉有关材料，课堂互动交流，学生动笔写感悟。

---

① 此课例在《教育导报》2017 年 4 月 19 日第 3 版有报道。

四、教学重难点

理解和感悟"儒道相融"的人生智慧。

五、课时安排

一课时。

六、教学活动

【活动一】课前预习
翻译《论语》条目。
熟悉其他材料，勾画重点内容，旁批自己所思考的问题，提出疑问。

【活动二】课堂交流
问题一：学案所给传统经典中的条目，在语言理解上有无困难？
问题二：概括儒家（1~8 则：略）与道家（9~13 则：略）各自的人生思
想，看看有何区别和联系？
问题三：你能否列举一些"儒道相融"人生案例？

【活动三】动笔写感悟
动笔写一写你对"儒道相融"人生智慧的感悟，字数不限。

【活动四】现场积累
选择课堂所学的经典文句，记忆五则以上。

【活动五】延伸阅读
课外阅读《道德经》等道家作品，进一步了解"儒道相融""天人合一"
"内圣外王"等中华精神文化品质。

第六节 当人生面临困境时
——以苏轼词作鉴赏为核心的群文阅读①

【活动一】熟读并试背苏轼的《念奴娇·赤壁怀古》和《定风波》，把遇到的问题写在原文空白处

念奴娇·赤壁怀古②
苏 轼

大江东去，浪淘尽，千古风流人物。故垒西边，人道是，三国周郎赤壁。乱石穿空，惊涛拍岸，卷起千堆雪。江山如画，一时多少豪杰。

遥想公瑾当年，小乔初嫁了，雄姿英发。羽扇纶巾，谈笑间，樯橹灰飞烟灭。故国神游，多情应笑我，早生华发。人生如梦，一尊还酹江月。

定风波③
苏 轼

三月七日，沙湖道中遇雨。雨具先去，同行皆狼狈，余独不觉。已而遂晴，故作此。

莫听穿林打叶声，何妨吟啸且徐行。竹杖芒鞋轻胜马，谁怕？一蓑烟雨任平生。

料峭春风吹酒醒，微冷，山头斜照却相迎。回首向来萧瑟处，归去，也无风雨也无晴。

【活动二】回读人教版《普通高中课程标准实验教科书 语文2（必修）》学过的《赤壁赋》，着重熟悉其第四段，想想该文章与《念奴娇·赤壁怀古》《定风波》所表达的思想情感有何异同

---

① 此课例2019年获得区级、市级、省级一等奖以及教育部奖励。

② 人民教育出版社等编著：《普通高中课程标准实验教科书 语文4（必修）》，人民教育出版社2006年版，第36页。

③ 人民教育出版社等编著：《普通高中课程标准实验教科书 语文4（必修）》，人民教育出版社2006年版，第37页。

赤壁赋①

苏 轼

壬戌之秋，七月既望，苏子与客泛舟游于赤壁之下。清风徐来，水波不兴。举酒属客，诵明月之诗，歌窈窕之章。少焉，月出于东山之上，徘徊于斗牛之间。白露横江，水光接天。纵一苇之所如，凌万顷之茫然。浩浩乎如冯虚御风，而不知其所止；飘飘乎如遗世独立，羽化而登仙。

于是饮酒乐甚，扣舷而歌之。歌曰："桂棹兮兰桨，击空明兮溯流光。渺渺兮予怀，望美人兮天一方。"客有吹洞箫者，倚歌而和之。其声呜呜然，如怨如慕，如泣如诉，余音袅袅，不绝如缕。舞幽壑之潜蛟，泣孤舟之嫠妇。

苏子愀然，正襟危坐而问客曰："何为其然也？"客曰："'月明星稀，乌鹊南飞'，此非曹孟德之诗乎？西望夏口，东望武昌，山川相缪，郁乎苍苍，此非孟德之困于周郎者乎？方其破荆州，下江陵，顺流而东也，舳舻千里，旌旗蔽空，酾酒临江，横槊赋诗，固一世之雄也，而今安在哉？况吾与子渔樵于江渚之上，侣鱼虾而友麋鹿，驾一叶之扁舟，举匏樽以相属。寄蜉蝣于天地，渺沧海之一粟。哀吾生之须臾，羡长江之无穷。挟飞仙以遨游，抱明月而长终。知不可乎骤得，托遗响于悲风。"

苏子曰："客亦知夫水与月乎？逝者如斯，而未尝往也；盈虚者如彼，而卒莫消长也。盖将自其变者而观之，则天地曾不能以一瞬；自其不变者而观之，则物与我皆无尽也，而又何羡乎！且夫天地之间，物各有主，苟非吾之所有，虽一毫而莫取。惟江上之清风，与山间之明月，耳得之而为声，目遇之而成色，取之无禁，用之不竭，是造物者之无尽藏也，而吾与子之所共适。"

客喜而笑，洗盏更酌。肴核既尽，杯盘狼藉。相与枕藉乎舟中，不知东方之既白。

【活动三】 初读并翻译苏轼的《超然台记》，注意思考此文与《念奴娇·赤壁怀古》和《定风波》在内容上有何关联

超然台记②

苏 轼

凡物皆有可观。苟有可观，皆有可乐，非必怪奇伟丽者也。哺糟啜醨

---

① 孔凡礼点校：《苏轼文集卷一（第一册）》，中华书局1986年版，第5页。
② 孔凡礼点校：《苏轼文集卷十一（第二册）》，中华书局1986年版，第351页。括号以及其内字音、释义为笔者所加。

（醨：音lí。薄酒）皆可以醉，果蔬草木皆可以饱。推此类也，吾安往而不乐。夫所以求福而辞祸者，以福可喜而祸可悲也。人之所欲无穷，而物之可以足吾欲者有尽。美恶之辨战乎中，而去取之择交乎前，则可乐者常少，而可悲者常多。是谓求祸而辞福。夫求祸而辞福，岂人之情也哉。物有以尽之矣。彼游于物之内，而不游于物之外。物非有大小也，自其内而观之，未有不高且大者也。彼挟其高大以临我，则我常眩乱反覆，如隙中之观鬪，（鬪："斗"异体字，争斗）又乌知胜负之所在。是以美恶横生，而忧乐出焉。可不大哀乎。

余自钱塘移守胶西，释舟楫之安，而服车马之劳，去雕墙之美，而庇采椽之居，背湖山之观，而行桑麻之野。始至之日，岁比不登，盗贼满野，狱讼充斥，而斋厨索然，日食杞菊。人固疑余之不乐也。处之期年，而貌加丰，发之白者，日以反黑。余既乐其风俗之淳，而其吏民亦安予之拙也，于是治其园圃，洁其庭宇，伐安丘、高密之木以修补破败，为苟完之计。而园之北，因城以为台者旧矣，稍葺而新之。时相与登览，放意肆志焉。南望马耳、常山，出没隐见，若近若远，庶几有隐君子乎？而其东则庐山，秦人庐敖之所从遁也。西望穆陵，隐然如城郭，师尚父、齐桓公之遗烈，犹有存者。北俯潍水，慨然太息，思淮阴之功，而吊其不终。台高而安，深而明，夏凉而冬温。雨雪之朝，风月之夕，余未尝不在，客未尝不从。撷园蔬，取池鱼，酿秫（秫：音shú。黄米）酒，瀹（瀹：音yuè。煮）脱粟而食之，曰：乐哉游乎！

方是时，余弟子由适在济南，闻而赋之，且名其台曰超然，以见余之无所往而不乐者，盖游于物之外也。

【活动四】初读下面两首词，看看能否读懂

临江仙

杨 慎

滚滚长江东逝水，浪花淘尽英雄。是非成败转头空。青山依旧在，几度夕阳红。

白发渔樵江渚上，惯看秋月春风。一壶浊酒喜相逢。古今多少事，都付笑谈中。

望江南·超然台作

苏 轼

春未老，风细柳斜斜。试上超然台上看，半壕春水一城花。烟雨暗千家。

寒食后，酒醒却咨嗟。休对故人思故国，且将新火试新茶。诗酒趁年华。

第七节 君子人格略探

——以《论语》中"质文""怀德""有礼" "不器"等主题学习为例①

【活动一】 理解、熟（审）读有关"质文""怀德""有礼""不器"的条目

主题1："质文"

子曰："质胜文则野，文胜质则史。文质彬彬，然后君子。"②

——《论语·雍也》

主题2："怀德"

子曰："君子怀德，小人怀土。君子怀刑，小人怀惠。"③

——《论语·里仁》

子华使于齐，冉子为其母请粟。子曰："与之釜。"请益，曰："与之庾。"冉子与之粟五秉。子曰："赤之适齐也，乘肥马，衣轻裘。吾闻之也，君子周急不继富。"④

——《论语·雍也》

子曰："君子谋道不谋食。耕也，馁在其中矣。学也，禄在其中矣。君子忧道不忧贫。"⑤

——《论语·卫灵公》

主题3："有礼"

子曰："君子无所争，必也射乎？揖让而升下，而饮，其争也君子。"⑥

——《论语·八佾》

司马牛忧曰："人皆有兄弟，我独亡。"子夏曰："商闻之矣，'死生有命，富贵在天。君子敬而无失，与人恭而有礼，四海之内，皆兄弟也。'君子何患

---

① 此课例为笔者在2018年四川省教育专家培养对象郫都一中开展的研讨活动中所上的展示课。
② 钱穆著：《论语新解》，生活·读书·新知三联书店2002年版，第140页。
③ 钱穆著：《论语新解》，生活·读书·新知三联书店，2002年，第86页。
④ 钱穆著：《论语新解》，生活·读书·新知三联书店2002年版，第128页。
⑤ 钱穆著：《论语新解》，生活·读书·新知三联书店2002年版，第376页。
⑥ 钱穆著：《论语新解》，生活·读书·新知三联书店2002年版，第54页。

乎无兄弟也?"①

——《论语·颜渊》

子曰:"君子矜而不争,群而不党。"②

——《论语·卫灵公》

主题4:"不器"

子曰:"君子不器。"③

——《论语·为政》

子夏曰:"虽小道,必有可观者焉,致远恐泥,是以君子不为也。"④

——《论语·子张》

子夏曰:"百工居肆以成其事,君子学以致其道。"⑤

——《论语·子张》

【活动二】收集与上述条目相关的现实、历史故事(案例)以及其他经典论述

1. 相关的现实、历史故事(案例)

提示:从古今、中外、正反等维度,就"质文""怀德""有礼""不器"四个主题各搜集一个典型案例。

2. 其他经典相关论述

君子以厚德载物。⑥

——《周易·象传》

君子以德,小人以力。⑦

——《荀子·富国第十》

君子于仁也,柔;于义也,刚。⑧

——《扬子法言·君子第十二》

---

① 钱穆著:《论语新解》,生活·读书·新知三联书店2002年版,第278页。
② 钱穆著:《论语新解》,生活·读书·新知三联书店2002年版,第371页。
③ 钱穆著:《论语新解》,生活·读书·新知三联书店2002年版,第34页。
④ 钱穆著:《论语新解》,生活·读书·新知三联书店2002年版,第437页。
⑤ 钱穆著:《论语新解》,生活·读书·新知三联书店2002年版,第439页。
⑥ 杨天才译注:《周易》,中华书局2011年版,第29页。
⑦ 方勇、李波译注:《荀子》,中华书局2011年版,第145页。
⑧ 韩敬译注:《法言》,中华书局2012年版,第360页。

君子之德，风。小人之德，草。草，上之风，必偃。①

——《论语·颜渊》

惟德动天，无远弗届。②

——《尚书·虞夏书》

---

① 钱穆著：《论语新解》，生活·读书·新知三联书店 2002 年版，第 289 页。
② 王世舜、王翠叶译注：《尚书》，中华书局 2012 年版，第 365 页。

第八章　教学实录

　　这里的教学实录，一则是 2016 年 12 月 6 日，我随成都市教育局名师送好课活动团队，参与其第二十站活动——到简阳中学送教时，与该校秦老师同课异构上的一堂作文课——"任务驱动型作文：如何让议论更充分"，简阳中学以及简阳市内高中各学校语文教师现场听课，课后成都市教育科学研究院高中语文教研员罗晓晖用一个多小时作了精彩点评，称这是一堂极富特色的、富有导向性的、成功的课。

　　一则是我在郫都一中高 2016 届上的一堂常态课。这堂《我有一个梦想》的阅读课，有几点值得记载：一是师生自我代入感强，文章篇幅虽较长，但三课时下来学生兴致不减，师生双方均有痛快淋漓之感。二是阅读和写作打通，学生痛痛快快读完了文章，后又轻轻松松写出自己的梦想，更有学生在学校周一升旗仪式上面向全校师生宣示自己的"梦想"。三是之所以能做到前面的"代入式"阅读和读写一体，取决于文本阅读的生活化，既能使读者发挥想象力感知文本写作者的梦想，又贴近读者自己生活、关照自身，从而在文本、作者与阅读者之间找到联结点。

　　还有一则是第二选修课的简短实录，是师生合力迸发出创造性火花的例证。

第一节　握住思维之缰
——让任务驱动型作文议论更充分①

【活动一】观摩思维样板

　　孩子们好！大家是不是感到很奇怪：要你们学写任务驱动型作文，为什么之前却发给各位几段文言材料——《烛之武退秦师》的第三、四段？

---

　　① 此课例为笔者于 2016 年 12 月参加成都市教育局第 20 次送教到简阳中学活动时所上示范课。

其实，我们知道《左传》中描述的"烛之武退秦师"这一事件，既是一场外交、军事斗争，也可以看作烛之武接受了一次任务——写作任务驱动型作文。

大家想想："退秦师"三字所表达的，最先是郑伯给烛之武的外交任务或一个基本想法、观点，最后是烛之武把它变成了一个客观事实（对郑国来说是好的结局），这中间起关键作用的是不是烛之武的一番言辞（言语表达），而他说的这番话是不是一定经过深思熟虑的思考？

这番言辞，就是他写的任务驱动型口头作文，而写作之前的思考或思维至关重要。

大家再想想："退秦师"是不是他接受并且出色完成的"任务"？而且这一任务是他被动接受来自郑伯的——顺便问一句：你们写作文是主动承担的，还是被动接受的？

学生：主动的！

教师：是吗？只是烛之武后来变被动为主动，并出色地完成了任务。请问：他何以有这种改变？

学生：佚之狐引荐之后，烛之武开始并不答应，是经郑伯赔礼道歉，他才答应的。

教师：是的，"赔礼道歉"就是我们通常说的"动之以情"，其实还有"晓之以理"，就是"然郑亡，子亦有不利焉"。

现在我们用三分钟左右重读《烛之武退秦师》的第三、四段，看看烛之武是采用了哪些思维策略和技巧使自己成功的。

学生默读。

教师：谁来说说？

学生：感觉也是跟郑伯所做的差不多，既"晓之以理"，又"动之以情"。

教师：说得具体一点儿，是"说理"多一些，还是"动情"多一些？

学生："说理"多。

教师：想想，这是为什么？

学生：因为烛之武这是在写任务驱动型作文——议论文嘛！

教师：对，写议论文要以理服人，反过来说，如果抒情多于或大于议论，就不是议论文了，就可能是抒情文了。这是议论文的写作策略，或者叫"思维策略"之一。

再看看第三段写烛之武去说服秦君，是先说理，还是先动情？

学生：第一句话"秦、晋围郑，郑既知亡矣"表示服软，是满足强敌的心理需求，是动其情。

教师：很好，欲"晓之以理"，先"动之以情"，这是一种策略。情理融合，这是战胜论敌的"思维策略"之二。

教师：我们来看看这一段的其余文字，烛之武用了哪些思维技巧？

学生：我感觉烛之武是从正反两方面说服秦王的。

教师：你的判断是准确的，请其他同学具体说说正反面的内容。

学生：烛之武先是说灭亡郑国对秦没有好处。

教师：对，亡郑无益有害，理由有几点？用什么语气说的？

学生：一个是"难"。

教师：还有呢？

学生："亡郑赔邻"。

教师：就是"邻厚君薄"，失去比较优势。用的语气呢？

学生：假设。

教师：是的，在假设中做因果分析，话中有话。接下来还是假设"若……"，有什么不同？

学生：正面说理。

教师：是的，正面说放弃攻郑对秦有益。这一段还用了哪些技巧？注意"且"字。

学生：进一步说晋国的坏话。

教师：是说坏话，但这个坏话说得很有水平，请大家注意接下来三个长句的逻辑层次。

学生：是有不同。

教师：有什么不同？

学生：好像有时间的不同。

教师：对，第一句说的是已经发生过的，说晋君忘恩负义，是一个对历史事实的陈述和判断。而第二句呢，是一个基于历史事实的对事情发展的合情合理推断。最后一句则是对秦君的进逼追问，迫使秦君做出选择。

上述说理、说服对方的话语中，有没有情感因素渗入？

学生：有。

教师：具体说说。

学生："敢以烦执事"，"夫晋，何厌之有"，"阙秦以利晋，唯君图之"。

教师：对，这些话语，或话中有话，或挑拨离间，都是要从情感上触动对方以达成烛之武自己的目的。

　　如果到此为止，烛之武是自己写成了他的实际效果超常的"任务驱动型作文"，即促成秦郑结盟，同时还让对手派人来保护自己（"秦伯说，与郑人盟。使杞子、逢孙、杨孙戍之，乃还"），而后的第四段文字是谁为烛之武文章写的结尾？

　　学生：晋文公。

　　教师：也请大家看看这一段的思维技巧，注意"子犯请击之"与"公曰：'不可'"之间的关系。

　　学生默读。

　　教师：谁主张攻郑？又是谁反对攻郑？

　　学生：子犯主张，晋文公反对。

　　教师：对，"主张"就是正面立论，"反对"就是对正面观点的驳斥、批驳，是驳论。请问：驳论的依据有几点？

　　学生：有三点——"不仁""不知""不武"。

　　教师：从不同方面给出理由，很充分。

　　现在我们小结一下，烛之武自己所"写"（说）的文字和晋文公为他写（说）的结尾，主要采用了哪些思维策略和技巧？

　　学生：正反面结合、立论驳论、因果分析、事实陈述和假设推理……

　　教师：还有很重要的思维策略：情理交织，欲"晓之以理"，先"动之以情"。当然必须记住：在议论文中，议论说理必须是主体，抒情是次要的，理大于情！另外，相当重要的是：写任务驱动型作文（写所有文章、做所有事情）都要变被动为主动、奋力去做，要聚焦、围绕一个核心去做。

　　【活动二】验证思维样板

　　教师：现在请大家阅读所发学案资料上的 2015 年全国一卷高考高分作文《有一种关爱叫伤害》（李家良）来验证我们刚刚总结出来的要点，快速浏览这篇文章并圈点勾画。

　　学生：默读圈点。

　　教师：有明显的情感表达语句吗？

　　学生：有，第二段"不要不相信你的眼睛，你没有看错"就是。

　　教师：很好！还有结尾一句"莫让关爱成伤害"也是。有正反结合吗？在哪里？

　　学生：反面的多，第四、五段都是。

　　教师：正面论述呢，在哪里？

学生：第六、七段。

教师：是的，第六段是正反面结合，第七段正面分析家长过度关注分数的实质就是"伤害"。其余的"因果分析""假设推断"等能看出来吗？

学生：能，在第三、四、五段中有。

教师：好，时间有限，我们不能详细分析，但通过两个思维样板的观摩和分析，可以看到，要使任务驱动型作文议论更充分，最根本的是要注意三大思维策略：第一，要锁定一个核心任务并变被动为主动、奋力对待。第二，注意既"晓之以理"，又"动之以情"，但一定是"理"大（多）于"情"的。第三，要充分调动正反面思维、因果分析、假设推断、由现象到本质分析等思维技巧。

【活动三】选择性操练、展示并修改

教师：现在给大家5分钟左右时间，请拿出之前发给你们的三个作文选题，参照刚才我们一起讨论的两个思维模板，写一段文字，这段文字可以是任务驱动型作文的开头，也可以是主体段落的一段，还可以是文章其他部分的段落。但请注意：无论选择写哪个题目、哪一部分的段落，一定要恰当采用思维模板中的思维策略和思维技巧。

学生写作（过程略）。

教师：同学们，差不多了吗？如果有人还没完成，或者自己觉得写得不满意，下面一起来品读别人写的段落时，可以进一步完善。好啦，谁来展示（读）一下自己的？这位同学，请你读一读。

学生（读）：（题目二）莫把自信人生交给冰冷科技。

现如今，科技遍布我们生活的旮旮角角。但对科技的过度依赖，冲淡了亲情，弱化了智力，弥散了友情，冷落了体力。我们不能将自己的人生交给科技。

教师：请问这位同学，你写的是题目和第一段，是吧？

学生：是的。

教师：大家看这位同学写的这段文字，用到了什么思维技巧？注意"现如今……冷落了体力"与这段末句的关系。

学生：是列举现象到归结本质。

教师：是吗？"现如今"一句是现象概括，不过"但"字后四句与末句就不确切了，再仔细想想，应该是什么关系？

学生：是因果关系。

教师：是的，因为有"冲淡了亲情""弱化了智力"等危害，所以"不能将自己的人生交给科技"。

这段文字语言表述总体不错，但也有一些需要修改的地方，看看哪里不好，需要修改？

学生："旮旮角角"。

教师：为什么不好？怎样改？

学生：读起来拗口。

教师：改一改。

学生：各个角落。

教师：可以，"每个角落"也可以。还有题目"莫把自信人生交给冰冷科技"中有两个字是不是可以删掉？

学生："自信"可以删掉。

教师：是的。这样既简洁又准确。末尾"我们不能将自己的人生交给科技"一句中在"交给"前似乎要加入一个词才更准确。

学生：加"完全"。

教师：很好！"一味"也可以。我们再请一位同学读一读。这位女生请你读一读。

学生（读）：（题目一）口号，声嘶力竭。行动，原地踏步。

当"虎爸狼妈"随着应试教育之热潮如过江之鲫诞生时，无数孩子犹如笼中之鸟困于补习课堂之中。

教师：大家说，她写得好不好？

学生：好！

教师：但我要说，既好又不好。请再读一遍，注意听哪里好，哪里不好。

学生：开头"口号……""行动……"两句好。

教师：是这样。这两句你写的文章开头吧？

学生：嗯。

教师：它很简洁地概括了当下所谓素质教育背景下，"被卷"补习的情况愈演愈烈的现状。但后两句就有问题了，问题在哪里？请注意两句间的逻辑关系，是先有"虎爸狼妈"的产生，还是先有"无数孩子"的补课现象？

学生：先有"虎爸狼妈"的产生。

教师：从逻辑上说，这是把什么东西弄反了？

学生：条件关系。

教师：准确讲，这是因果逻辑倒置了，请你改过来。大家在写作时也务必注意。

生：当"虎爸虎妈"随着应试教育的热潮如过江之鲫诞生时，无数孩子便犹如笼中之鸟困于补习课堂之中了。

师："诞生"改为"出现"更准确。

刚刚这两位展示的都是行文开头，有谁写了主体部分，投影给大家看看？好，这位男生请传给我（投影）。

学生：（题目二）（投影文字转录）科技的发展，固然能够使我们的世界更加迅捷多彩，却万万不可成为我们自身发展的桎梏。科技本来是助力，但如果我们以手机代替直接交流，那么在电磁波中加工过的温情软语，将变得冰冷，我们将智慧的火花储存在电脑数据中，可显示屏上的白底黑字，却苍白暗淡……尼采说："社会发展中为生活作出的改变，却是最大的危险。"我想，当我们能够在这些便利品的协助下……

教师：请各位观察在这段文字中，其最为明显地使用了哪些思维技能？——注意"固然""却""但"等虚词的作用。

学生：是正反面结合。

教师：请具体说说。

学生："固然"后的语言是说科技带来的好处，"却""但"面从反面说害处。

教师：很准确。老师补充一下，"我想"后面恐怕也是要正面阐述。我们为他鼓掌！

学生鼓掌。

教师：再看看"如果……那么……"这表达的是什么样的关系？

学生：假设关系。

教师：更准确地讲，是表达一种逻辑推断，推断出一味使用手机的害处。

这段文字语言上有个别地方不够准确，也需修改，如"白底黑字"等，时间关系，请这位同学课下自己去做。

我最后再请一位同学展示主体段落，哪位来？好吧，请你传过来！

学生：（题目一）（投影文字转录）简单盲目地追求补课带来的分数，追不来支撑孩子成功的决心和动力。诚然，高频的补课或许能够带给孩子一次两次优秀的分数，但请各位家长思考一下，长此以往，孩子课上的积极性会不会下降？假使江衍振先生不是亲身赶往各地图书馆查阅资料，而是被人灌以知识，他能够数十年如一日保持创作活力吗？所以，比起强压式补课，孩子自主学习难道不是更加能够激发他们的学习动力吗？

教师：请大家观察这一段与刚才那段思维技巧使用上的相同点和不同点，

先说相同的。

学生：都有正反面展开。

教师：对，还是以"但""而是"为语言标志。还有呢？"假使"……

学生：假设推理。

教师：不同呢？

学生：因果。

教师：语言标志是？

学生："所以"！

教师：很明显是吧，其实这一句里面也有正反对比。

同样，这一段文字语言还不够干练，请这位同学下来修改。

由于时间有限，还很多同学写的精彩内容来不及展示和修改，就请各位课下自行按照我们课上的做法认真修改，好吗？下面请大家观摩一下老师写的三段文字。

PPT文字：（题目一）从适应应试教育的角度看，答案是肯定的。因为在目前条件下，这似乎是我们的不二选择。如果……

从理想教育的角度看，答案则是否定的。因为无论"培优"还是"补差"，都把升学当作唯一目标，无论对个人全面、终身发展，还是对国家和社会需要而言都是无益而有害的。

（题目二）："交"了，什么都"交"了，人把自己交给了工具、技术等一切可以凭借的外在之物，只剩下空虚的自己，成为艾略特笔下的"空心人"了。

（题目三）：让技术与艺术完美结合，做独特而强大的自己，让别人去说吧。

【活动四】课堂总结

教师：同学们，来到简阳，我注意到了市中心广场上"大道至简"这句话，作为简阳人的精神追求，任何复杂的东西包括今天我们一起探究的任务驱动型作文，如果用智慧的眼光去看，它都会变得简明而容易把握。

下面我们一起简单总结一下这堂课所学的使任务驱动型作文议论更充分的要领，主要有三点：一是写作动机、动力上，对"任务驱动型作文"的写作需要以积极的心态驱动。二是写作策略上，要亦情亦理，理大于情。三是写作操作技能上，思维要多向展开：正反、立驳、因果、事实与假设、现象与实质……

【活动五】课后作业

请完成课上所写题目的整篇文章写作，写作时应综合运用课上所学的思维策略和技巧。

【附录】罗晓晖点评要点

议论文核心是思维，蒲老师通过典型案例来解决这一问题。当下写作教学中，大作文一般是无效的，蒲老师的课堂真实有效。蒲老师的课是一堂有思想的课，高二学生处于学习写作议论文的初期阶段，蒲老师的课定位于让学生把握一些基本原则（动力—对驱动的驱动）、策略，了解一些基本技巧，这是十分富有思想创见和特色的。比较诸多名师的课，蒲老师的课接地气，有实质内容。就学案看，蒲老师引导学生分析原因、权衡利弊、看清基本事实等做法，均值得肯定。

第二节　《我有一个梦想》课堂实录①

【活动一】朗读正音，初感情韵

师：之前我们有人读过这篇文章吗？

生：读过了！

师：呀，有读英文版的吗？真的还有英文版，味道一样好！

下面我们一起来读一读文章，在读的过程中落实字词。

好，第 42 页，小叶你来读第一段。

生：……

师：这里面有没有需要关注的字词？

生："煎熬"。

师：对，"煎熬"比较常见。第二段，哦，小杨你来读！

生：……

师：板书"镣""瞭""潦""撩"。

师：这个字（"镣"）字读几声？"镣铐"的"镣"字读几声？

生：四声。

师：站在高处朝远处看，怎么说？

---

① 此课例为校内常态课。

生："瞭望"。

师：对，是读四声 liào wàng；与之相关的其余两个字读音才读二声。请同学们为这两个字组词。

生："潦草""撩起"。

师：还有"撩拨"，很好。除此之外，本段还有没有需要注意的字词？

生："蜷缩""骇人听闻"。

师：板书"骇人听闻"。

师："骇"读几声？

生：四声。

师：还有"言简意赅"中的"赅"字怎么写？

生："贝"字加……

师：对，加应该的"该"的声旁。我们把两段连起来读一读。

生：……

师：下面继续读第三段，小王你来。

生：……

师：这段有没有需要正音的？

生："兑现"。

师：兑现的英文是"cash"，还是"exchange"？

生：cash。

师：正确，exchange 是兑换。第四段，小郭你读一读。

生：……

师：这一段"缔造"的"缔"和"真谛"的"谛"要注意区别，"戳子"中的"戳"和"杀戮"的"戮"也要区别开来；第五段，小何你读吧。

生：……

师：这个"奢""侈"二字，不要混淆，是"shē""chǐ"；还有两个词"拯救"的"拯"是"zhěng"还是"zhěn"，换句话说，是前鼻音还是后鼻音？

生：后鼻音。

师："赈灾"和"震动"中的"赈""震"是前鼻音还是后鼻音？

生：前鼻音。

师：对，读 zhèn；还有"磐石"的"磐"要和"钟磬"的"磬""馨香"的"馨"区别开。第六段，小李你读一下。

生：……

师："义愤填膺"的"膺"读 yīng，通常说在市场上别买……

生：歪货。

师："歪货"就是"赝品"，这个"赝"字与"义愤填膺"的"膺"看起来相近，其实有很大不同……我们继续，"但是"这一段，小周你来读。

生：……

师：这里面要注意"心急如焚"的"焚"和"崭新""崭"。谁知道"蜕变"与"退变"的区别？

生："蜕变"是实质性变化，"退变"指退行性改变。

师：说得较准确，还有"崇高"的"崇"读音是平舌，还是翘舌？我发音正确吗？

生：读翘舌。正确。

师：我们继续，小康读第八段。

生：……

师："休戚相关"与"息息相关"有何区别？

生："休戚相关"是痛苦与欢乐都相关，"息息相关"是关系密切。

师：很好，下面几段比较零散，我们一起来读。

生：齐读。

师："无济于事"的"济"读 jǐ 还是 jì？

生：jì。

师：说人多是"jǐjǐ 一堂"，还是"jìjì 一堂"？山东省会是"jǐ 南"，还是"jì 南"？"赎罪"中的"赎"读几声？

生：jǐjǐ 一堂，jǐ 南，读三声。

师：继续读。

生：齐读。

师：我还是继续落实字词，"绿洲"的"洲"有没有三点水？"九州"的"州"呢？

生："绿洲"的"洲"有三点水，"九州"的"州"没有。

师生：这几段还有"销声匿迹"的"匿迹"，"携手并进"的"携"，"山冈"的"冈"没有山，"岗位"的"岗"有山，以及"坎坷""祈祷""崇山峻岭""巍峨""蜿蜒"等字词需要注意。

【活动二】巩固语言点，落实重点

师生：下面看看大家做的作业，请看"练习册"。我重读的字词要特别注意其读音，"弹劾"，读"tán hé"；"偌大"，读"ruò大"；"涅槃"，读"niè pán"；"潇洒"，读"潇 sǎ"；"撒野"，读"sā野"；"尽管"读"jǐn管"。

（以上为第一课时）

【活动三】整体把握思路，勾勒明暗线索

师：我带来了 2009 年 8 月 25 日我在百日誓师时的一个演讲稿，大家想不想看看？

生：想看！

师：等大家用心读完了这篇文章，再给大家展示。

师：今天我们继续，先做基础工作——标段落码，有多少段？

生：三十二段。

师：昨天的课，我们做的都是基础工作，现在我们问大家：这篇文章的行文思路是什么？

生：是时间。

师：好，大家关注一下时间节点，动笔勾画呀！

生："一百多年前"。

师：对，有人已经找到了过去，大家继续找"过去—今天—未来"的交汇点。

生：勾画。

生：第二段写现在。

师：一直到什么地方呢？

生：第十七段。

师：对，第一段写过去，第二段写开始写今天，第十七段是交会——今天与未来的交会点，第十八段开始写未来。时间线索只是表面的，现在我们不看正文，就给你这样一个题目，你准备怎样写？可以结合时间的线索来考虑。谁先发现，谁最敏感。

生：默读。

师：有人发现了吗？题目和内容的逻辑关联？小高？

生：我想我会写为什么，再说是什么，最后说怎么做。

师：大家看，"过去"对应"为什么、为了什么"，现在说的是"怎么做"，最后将来谈的是梦想"是什么"。这样看起来有两条线：一条是时间，一条是为什么、为了什么、怎么样、是什么。按照一般语言，我们可以怎么概括这种情况？

123

生：明线和暗线。

【活动四】 突出"文质之美"，品读第三板块

师：对，时间是明线，逻辑是暗线，看出这个暗线很重要。当然，看出这些并不是学习的全部。大家看，我在这儿抄了几句话"质胜文则野，文胜质则史，文质彬彬，然后君子"，大家懂不懂？"文质彬彬"这大家一定知道，小黄来说一说吧。

生："彬彬"是说刚刚好。

师："彬彬"是协调一致，"质"是内在的东西，"文"是外在的形式，如果内在的超过了外在的形式，就显得粗野。反过来说，如果外在的文采超过了内在的，形式大于内容，就显得虚浮，人怎么最好？就是要内在和外在的东西都有，才显得文质彬彬，这是说人。对文章也是这样，文和质要兼具，我对这篇文章的评价是文质俱美或文质兼具。我们对这篇文章逻辑线索的探究就是在感受它的内在之美，这篇文章当年打动了 20 多万人，当然自有其内在的力量，包括情感等，但还有其他因素。

好，下面我们再来通过朗读感受它的魅力，要特别注意哪一部分最能打动你，大家读起来，要大声。

生自由朗读。（8 分钟）

师：感觉是不是文质兼美？我们看看三十二个段落中，"为什么（为了什么）、怎么做、是什么"三个部分哪一个部分对应的段落最多？

生：最后的"是什么"。

师：就我个人的感觉讲，也是这一部分最精彩。好，我们一起来读一读这一部分。

生齐读。（2 分钟）

师：大家发现没有，这一段比较好把握。情感上，大家说是什么？

生：轻快。

师：轻快这是调子，用一个表示情感的词儿概括。

生：应该说心情激动、亢奋。

师：这是对情感的概括吗？

生：不是。

师：接下来我们来找一找作者的梦想究竟是什么？特别注意第十八段。只取两个字。

生：平等、自由、正义。

师：还有呢，尤其是第二十三段。小杨读一读。

生：……

师：这一段没有直白的概括词，只是场面描述，能概括一下吗？

生：没有种族歧视，所有人和平、和谐共处。

师：对，和平、和谐。再看第二十五段，这一段不是概括性语言，而是诗意描述。（教师读：……）请大家一起来概括。小胡你能感受出来吗？

生：渴望光明。

师：哦，光明，"圣光披露"这没有问题。还可以用其他词概括，请看前面的"幽谷上升，高山下降"，是什么意思？

生：和平共处。

师：和平共处，这是一种结果，要实现这种结果有一个前提，"幽谷上升，高山下降"，这是一种变化，需要一种类似于改革的手段、通过重新分配财富等方法来解决目前的种种问题。后面还有几段，有什么作用？特别注意出现频率最高的词。

生：自由。

师：还有"信念"反复出现，这说明作者对自己的梦想充满信念！到此为止，我们是在探究"质"——内容，梦想的内容是什么。光这个还不行，我们还要感受它的"文"——它外在的东西。好，我们再分小组来朗诵，用自己的声音来传递马丁·路德·金的气场，读的时候要兴奋、亢奋！

（以上为第二课时）

师：我们接着上节课的内容，分两个小组朗读。

生：两个小组分别读。

师：大家发现没有，我们这一遍读过来，感受的是气势，是慷慨激昂，现在我们来做一个简单的探究，作者为什么能做到这一点？

生：排比。

师：哪儿有排比？大家再仔细观察一下，这些排比有什么区别？

生：段与段之间排比，段落内部的排比。

师：好，归纳一下，哪些是段间排比，哪些是段内排比？

生：第十九、第二十与第三十、第三十一与第三十二段是段间排比，第二十七段是段内排比。

师：但第三十二段除了排比外，好像还有别的，是什么？"那时"是现实的，还是不实际的、非现实的？

生：非现实的。

师："非现实的"就是想象的，说明作者调动了想象。再看看第二十五段，"幽谷上升，高山下降"也是想象呀，当然同时还是什么？

生：对偶。

师：这一部分还有句式的特点，观察一下，句式上的长短、整散。

生：默看。

师：文章调动了修辞、句式等手段，这些都属于"文"。我们再来读一读，深入感受"文质"的融合！

生：齐读。

师：其实读书有一个问题很重要，那就是我们一定要联系自身实际，想想：自由、平等对我们来讲意味着什么？比如高考，国内最近热议：高考改革就是要力求"自由"，如果多给几次机会是不是会自由一些呢？这些我们可以留待课下去思考。我说这话的意思是，学习——语文学习一定要联系生活，还要调动自己的积淀。现在我们来看文章其他两个部分，"为什么"和"怎么做"，大家动手圈点一下第七到第十七段的有关要点。

【活动五】品读第二、一板块，继续体悟文质之美

生默读，圈点。

师：请先说说"怎么做"吧。

生：先说要升华为"精神力量"，再说"要信任白人"，最后说"要前进和坚持"。

师：说得很好，还要注意他是从正反两方面展开的……我们通过朗读一起来传达一下演讲者的情感，要理性、厚重一点。

生齐读。

师：这个部分演讲者表达三个内容，其态度显得理性而冷静，因为他是在告诉同伴斗争策略——要用精神力量对付物质力量，要信任白人，要前进与坚持。我还想追问一下：什么叫"精神力量"？小张。

生：就是他们的信念。

师：究竟是什么信念？

生：和白人站在一起。

师：对，和第六段的"国家的基础"联系起来看。民族之间的宽容、和谐最为重要。这是这一部分的"质"——内容。我们也来观察一下"文"，这一部分在修辞运用、句式、用词等等上有何特点？与最后板块类似吗？

生：类似。(列举略)。

师：我们再看第一板块，即谈"为什么、为了什么"的第 1~6 段。演讲者认为他们为什么或为了什么要去梦想？

生：过去，奋斗的经历。今天，悲惨的事实。

师：读这些段落时，我们用什么语调？

生：沉重。

师：好，让我们用这种语调来读一读。

生：齐读。

师：这一部分大家要特别关注第 3 段("我们国家")、第 6 段("国家的基础")，他们的斗争始终有一个底线——国家！这是其最重要的"质"，就是"国家"而不是"种族"，另外就是他们的斗争方式——和平的、理性的，值得我们赞许。

曼德拉有一句话：爱自己的敌人！很了不得！整个这篇文章"文质俱美"，以上我们讨论较多的是"质"的美，"文"美的方面——修辞的运用、句式、用词也相当有特点。大家下去之后可以根据课堂所学好好改改自己的演讲稿，为我们的活动做准备。

下课！

(以上为第三课时)

【作业反馈】借鉴课文所学，修改自己的演讲稿

以下是从学生所写演讲稿中筛选出来的三篇。这些文章都是学生先写好初稿，经过学习《我有一个梦想》再做修改后，呈现出的文本。在此，虽然没能再现原稿与做出修改之后的文章对比，直观感受学习效益，但从实际发生的情况看，学生的表现令人满意。也就是说，通过学习经典文章，同学们自己的演讲稿写作水准有了提升。下面是三篇文章以及我的点评。

【示例一】

放飞理想

秦　怡

老师、同学们：

大家好！

一年前，我们一起进入了这个教室。从那时起，这个群体便有了一个新的称号：高 2013 级 2 班。我相信，大多数同学和我一样，怀揣着一颗兴奋而热烈的心，开始了崭新的学习生活。青少年，一半热血沸腾，一半冷静沉着。蔚

蓝的大海就在眼前，而我们羽翼渐丰、蓄势待发；理想，仿佛触手可及！

怎样实现自己的梦想而不虚度宝贵的青春？

首先，选定目标。少年们，还记得牙牙学语的你是怎样回答幼儿园老师的提问的吗？那是一个粉色的小小教室，温和的女中音适时地响起：孩子们，你们的理想是什么？叽叽喳喳的声音一下充满了整间教室：尖子生、警察、运动员、富翁……或许那只是你的无心之语，可现在想来，是不是一种使命感？现在，就是你完成使命的时候。

五彩世界，有了坚定的目标，才有无悔的人生。混混沌沌中，考试，毕业，工作……一切都快得不可思议。当你蓦然回首，看到的不是"那人却在灯火阑珊处"，而是遥远的梦想，再也不可触及的美好。

其次，制订计划。有位记者采访一位马拉松比赛冠军："是什么支撑您到了终点？"冠军爽朗一笑，回答："这很简单。比赛前我把路程分成几段，每一段有一个目标，既可以减少难度，又可以检验自身努力的成果，可谓一举两得。"

最后，也是最重要的一点，头也不回地走下去！人生是一道选择题，不论选对选错，终南捷径或泥泞小道，一定要坚持下去。你有了坚定的目标、详尽的计划，何不放手一搏！长久的徘徊，只是原地打转，徒劳无功。勇往直前吧！看看前方，那里有属于你的天地，等你去绘宏图巨制！

青春不悔，容不得半点犹豫；青春无畏，抛开那多余的胆怯！一步一个脚印，走向自己的辉煌！少年们，放飞理想吧！

谢谢大家！

【点评】这篇稿子至少有三个优点：一是从自身实际思考目标、计划、行动，行文时照此推进，显得井井有条，逻辑严明。二是段落、句式安排长短整散结合，张弛有度。三是开头似乎是在模仿马丁·路德·金的语气。其余两点是不是也有模仿的影子？

当然缺点不是没有，比如行文还较单薄等。

【示例二】

我的青春我做主

王安邦

亲爱的老师、同学们：

大家好，今天我演讲的题目是：我的青春我做主。

不知不觉，我们已经撒下无知，脱去幼稚，迎来了青春，少了一丝懵懂，多了一份成熟。青春就这样肆无忌惮地来了！

那么，什么是青春呢？

我认为青春是一个抽象的话题。从一方面讲，我认为青春像"天"，开始时阳光明媚，风和日丽，云在空中翻腾，千姿百态，不时，像是有微风轻拂水面，心情随之荡漾。女孩手持玫瑰，尽情释放着美……而后风雨骤至，像断了的弦，怎么连接都难！风声夹杂着雷声，闪电在昏暗的天空挥舞着自己的利刃，女孩也因保护玫瑰而受伤！后来，雨过天晴，彩虹勾勒出人们的笑颜，花也更加动人！

这就是我的青春，美中带着伤感，伤感之后迎来更多美好，更多快乐！

从另一方面讲，青春来的时候不知不觉、悄无声息，等你幡然醒悟时，她已经离开了，再怎么后悔也没用——世界上没有后悔药，青春是一个很难解读、翻译的名词，她有时会很深奥，完全不像简单的数学题，不可言其对错！——你很难说恋爱的对错——成长没有对错！

那么，我们怎样才能使青春无悔呢？

青春短短，好好把握。青春来的时候，悄然无声，走的时候让你损失惨重。我们的青春与学习相伴，但教育制度让人掉进了"分数"这个无情世界。一切为了分数而学习，有了好分数，才能进入好大学，然后，大多数大学生混到毕业，毕业就失业，反观青春的他们，会发现失去的太多太多：友谊以及锻炼自己的其他机会。自己剩下的回忆，就只有三年苦日子。

所以，要正确处理好青春与学习的关系。既要努力学习，又要活出青春的精彩，学业是我们的立身之本，学习书本，学习生活，积淀我们的生存依据，积攒生命的底气！同时，我们也不放手除此之外的其他活动——运动，游戏，与人交往，一个也不落下！

朋友们，勇敢地去面对青春吧！青春是人生精彩的第一站，是成长的第一站。这样，我们走过了一些路，就知道了辛苦；登过了一些山，就知道了艰难；蹚过了一些河，才知道跋涉；跨过了一些坎，才知道超越；经过了一些事，才有经验；阅过了一些人，才知道什么叫历练；读过很多书，才知道什么叫财富。

我的演讲到此结束，谢谢大家！

【点评】这篇演讲稿最大的特点在于作者的想象力丰富：用"天空""女孩""玫瑰""风雨"等勾勒青春样貌，用"山""路""河""坎"等想象描述青春的经历；当然还有文气贯通、逻辑简明、重点突出等优点。

【示例三】

拼搏铸就辉煌

秦 雯

亲爱的各位领导、老师们、同学们：

大家上午好！

首先我讲一讲最近发生的大事。最近有什么大事？当然是万众瞩目的世界杯！2014年6月12日凌晨，第20届世界杯足球赛在巴西盛大开幕，世界杯不仅仅是一个关于"大力神杯"争夺战的四年循环，也不单单是一大群世界足球巨星的对垒，在我眼中，它更像是一个励志故事。目标有大有小，结果也好有坏，但对于"大力神杯"的向往，却可以轻易捕获每一个足球人的心，观看比赛时，既心生敬畏，又胸怀渴望。

梅西，大家都知道吧，是一个典型的侏儒症患者，当时我和我的小伙伴就惊呆了！很多人质疑他的身高，但是年仅16岁的他穿上球衣代表巴萨一队出场的时候，便令人刮目相看，他被誉为"马拉多纳的接班人"。

我想，能攀登上金字塔顶端的人，除了天赋，一定还有其他原因。梅西能把身体缺陷转变为优势，其中的艰辛我们无法得知。没人知道他是怎么让自己从万劫不复的深渊中超拔出来的，但治愈他的一定有漫长的等待与拼搏。

梅西说："要相信自己，相信自己的家人，相信努力必有回报。有人问我足球如何成功时，我脑子里只有自己对着墙壁一次次踢球和接球的场景。"

成功的背后必定伴随着艰难困苦，只有用坚强的毅力冲破一切束缚，才能够破茧成蝶。

所以，我今天要强调的就是：拼搏铸就辉煌。

最近我读了一篇文章叫《我承认我不曾历经沧桑》，蒋方舟写的。我所理解的沧桑，便是努力拼搏，艰苦奋斗。确实，我们这一代人都不曾历经沧桑，世界和平，民主共和，两性平等，人权独立……我们生在了一个大好时代，却有很多人沉睡在安逸的摇篮里。

冰心有诗句"成功的花，人们只惊羡于她现实的明艳，然而当初她的芽儿，浸透了奋斗的泪泉，洒遍了牺牲的血雨"。我们有很多人也许会说：我明明拼搏了，但为什么还是没能成功？不妨看看这诗中的花，没有浮华的辞藻，只有默默无闻的努力拼搏。我们真的应该好好问问自己，是不是真的拼过？

我们可能都不太曾感受过时间的流逝，那么大家不妨伸出自己的手看一看，是不是比婴儿的手要大得多，沧桑得多？这便是时光从我们身边溜走而留下的痕迹，正值青春年少的我们，更应该懂得拼搏的意义，更应该相信坚持的力量！

同学们，人生能有几回搏？此时不搏更待何时！

大树不愿让自己年轮虚掷，而选择了伟岸；雄鹰不愿让自己生命浅唱，而选择了划破天穹的嘹亮；我们，若不愿让自己年华虚度，就理当选择用拼搏将人生点亮。

最后，我让我们一起回顾屈原的诗句：路漫漫其修远兮，吾将上下而求索！我的演讲完毕，谢谢大家！

【点评】这篇稿子在全校升旗仪式上实际用过，反响较好。主要反馈是：很流畅。从结构上看，全文巧妙地将"梅西""蒋方舟""冰心"等三个人物连缀起来，构成了全文主体，为演讲主题服务，始终聚焦于"拼搏"与"辉煌"的关系，干脆利落！

【教学反思】

在开启本单元的学习前，是学生自己首选学习这一课，当同学们大声告诉我这一选择的时候，我心里就有了一点底气。从实际教学来看，还算较好地完成了预期目标，同时问题也有一些——这在教师和学生两方面都存在。

下面分两方面做简要回顾和总结。

做得比较成功的方面：第一，教学结构简洁清晰，重点突出。按"初读，落实语言点—把握行文思路—品读，落实文质兼美—修改自己的演讲稿"的程序教学，不显枝蔓；又把重点放在诵读上，贯穿所有环节，品读的重点放在"梦想"是什么上（第三板块）。第二，品读文章的策略和技巧得当。围绕"文质兼美"四个字，从"质"（文章的逻辑思路、思想感情、梦想的内涵等）和"文"（修辞、句式等）展开教学，抓住了要领。第三，把应用当作大事来做。一是把文章写作者的梦想和学生自己的梦想、生活学习结合起来，特别注意强化"国家观念""民族和解"等观念的重要性；二是学以致用，令学生把本文所学内容运用到修改自己的演讲稿中去，较有收效。第四，落实语言基础比较到位。分三步完成这一任务：先有学生在初读时圈点，而后在行课时逐一落实最终通过完成"练习册"作业来巩固强化。第五，学生课堂参与度较高。这个班各科的教学难点都在于学生参与度不够，从本课教学来看，状况有所改观。第六，从课堂录音看，教师的课堂语言较为干脆利落。

有待改进的方面：一是教学节奏不够紧凑，个别教学环节没有按预设在课内完成。落实语言点和品读（第三板块）显得稍微拖沓，以至于把学生修改自己的演讲稿的教学活动挤到了课外。二是诵读介入行课环节的频率较高，但总体时间量也还够，诵读的方式除了齐读、个别读、分段读、通读与默读结合外，似乎还可以多一些方式方法。在诵读过程中对诵读的重音、语调等基本技巧的关注似乎都还不够。三是学生活动，尤其是思维活动、情感代入度似乎还不到位。尽管学生对这一课的学习表现相对算积极的了，但投入还不理想，教师代言还多了些。四是教师没有范读。在教学设计里没有考虑专门的范读引领，对演讲稿教学，恐怕是个缺陷。五是学习效果的检测方式和呈现方式似乎也有待探究。

第三节　人人皆诗人
——第二选修课实录[①]

【活动一】回到快乐大本营：诗歌

前面三讲我们把目光放到了"脑"和"用脑"上面，今天我们回到主线——想象力和思辨力的开发上。

【活动二】欣赏一首网络"梨花体"

> 今天
> 我吃了饺子
> 酸菜馅的
> 味道很好
> ……
> 毫无疑问
> 老妈包的饺子
> 是全天下
> 最好吃的
> ……

——加菲·欧迪

提问：观察这首网络诗，它在哪些方面具备诗的特征？

---

① 此课例为高 2013 届校内第二选修常态课。

学生甲：分行排列。

学生乙：抒发对妈妈的热爱之情。

学生丙：直抒胸臆。

教师总结：它虽不是平常我们学的最经典的诗，但具备诗的特征，是一首诗。这样的诗我们都写得出来，因此我们说：人人皆诗人。

【活动三】请大家改一改下面一首网络诗

> 遥望昆仑一玉龙，腾飞平步祥云中。
>
> 眼观沧海滔滔水，俯视群雄笑尔等。

> ——昆仑玉龙

教师：末句有些拗口，请改一改。

学生改：俯视尔等笑群雄。

教师：改得好，好在哪里？

学生：改后末句的上下两句更加押韵，读之朗朗上口。

教师：这首诗较之"梨花体"而言，诗的特征有哪些？

学生：属旧体诗，押韵……

教师小结：此外，还运用了想象、比喻等艺术手法。

我们不仅能写，还能改，我们比诗人更厉害！

【活动四】请翻译英文诗

> On day
>
> I will fly
>
> Fly with my wings
>
> Fly as high as I can
>
> Fly as happy as I can
>
> Fly with my friends
>
> Fly with my faith

学生甲：有一天/我将飞翔/和着我的希望一起飞翔

学生乙：飞到我想去的地方/飞往我的天堂

教师：后两句暂无恰当对应，课下大家再试试。

【活动五】课下欣赏下面网络诗

> 傻傻地
>
> 爱你
>
> 宛如
>
> 坟墓爱上了考古学家
>
> 这是一出怎样的好戏
>
> 我一边爱你一边收集眼泪
>
> 以备将来找不到你时
>
> 重读傻瓜的故事
>
> ——意气风发的成年龙

【教学后记】

这堂选修课有如下几点精彩处：一是贺同学在改"俯视群雄笑尔等"为"俯视尔等笑群雄"时，反应快，表现出很好的创造力。二是杨同学将"Fly with my wings"翻译为"和着我的希望一起飞翔"，化具象"wings"为"希望"，饶有诗味。三是另一女同学将"Fly as high as I can"和"Fly as happy as I can"翻译为"飞到我想去的地方/飞往我的天堂"，使全场为之惊异，一阵欢呼。

总体感受是，学生的智慧无穷。

第九章　教学手记

工作室运行十多年里，我们有一项写"两记"——教学手记和读书笔记的研修常规。学员通过写"读书笔记"，积淀教育教学理论功力。写作"教学手记"则可以把课堂上获得的切身体验记录下来，为下一次课堂教学提供感性建模的依据，长期坚持下来，就联珠成串，为自己教学风格的形成奠基，或者成为自己某种教育教学思想"田野经验"的日常抓手。我和工作室的小伙伴一起坚持这种随教随记的研修习惯，先后有工作室内刊《诗与思》八集成形，其中就有数百则这类"手记"。

这里的十一则教学手记，大多是常规课堂的随笔手记。有诗歌鉴赏的教学心得，有散文教学后学生围绕一定议题进行的深度探究或模仿著名作家思路、思维摹写的记录，也有在文言文教学中对学生"归纳与演绎""正反合"思维策略的现场体验，还有整合教学资源、探究单元整体教学的记载，等等。

还有三则手记：一则记录参加全国性语文教学活动的观课感受，一则是在成都七中观摩选修教材教学案例所得，一则是参加成都市高中语文教师研讨会时我的发言文字整理。至今想起来，它们都是对我有启发意义、值得留存的教学经历和经验感知。

第一节　吃菜谱？吃菜品！
——人教版《普通高中实验教科书　语文2（必修）》
《诗三首》教学记①

2017年2月24日上午第二节课，我用一课时上完了《涉江采芙蓉》《短歌行》和《归园田居》三首诗歌，真是畅快淋漓。课后学生小李对我说："蒲

---

① 此课例为校内常态课。

老师，我们初中时花好长时间学诗歌，还不知道学了啥，上午的课真好！有些时候没有这种感觉了，我得赶快记下来以免时间冲淡了它。"

其实这三首诗我之前看过三遍，也参看了一些资料，但一直找不到上课的感觉，直到早上第一节才确定基本教学思路。

下面摘要记录当时的教学场景。

【活动一】 第一个环节

我说：有人说"语文学习的外延与生活的外延相等"，我得问问你们：你们去南兴巷小馆子吃东西，是不是所有店里都有菜谱？

学生说：不是都有。

我又问：去正规的餐厅吃大餐，是不是一定得有菜谱？

学生说：是啊！

我说：大家看看，菜谱可以没有，但菜却必须有。其实，鉴赏诗歌包括阅读所有诗文作品，我们都得去品尝它们的味道，只是吃菜是动嘴，而阅读是动脑——想！当然，必要的准备、疑难字词、一些专业术语、阅读方法也得适当介绍，但切不可面面俱到，否则就是吃"菜谱"了，而不是"吃菜"。此时学生会心一笑，我知道他们懂得了。

【活动二】 第二个环节

我说：我们来"吃"《涉江采芙蓉》这桌"菜"。又问：这桌上的"主菜"是啥？

学生回答道："芙蓉！"

我问：有人见过芙蓉吗？

一学生回答道：见过木芙蓉。

我说：我们蓉城人还知道芙蓉有草本和木本之分，木芙蓉别名"木莲""拒霜花"，美丽又富贵。

学生说："富"和"美"！

我说：白富美和高富帅！（这时全体学生笑了）

我接着说它与桂花搭配，寓意为"夫贵妻荣"；与文竹搭配，寓意为"大吉大利"。

【活动三】 第三个环节

我问：是谁拿它做啥？

学生说：有人过河采它送人。

我问：是谁采了它又送了谁？

李同学说：是一位女士采了送给一位在外的男士。

我问："还顾望旧乡"的是谁呢？

另一学生说：是女子想象男子在外想家。

我说：这就是说抒情主人公在设想（虚写）别人想念自己（家里人）了！

何同学不同意地说：抒情主人公应该是男士，他在外面想念家里人了。

我追问：那么前面采芙蓉的又是谁呢？

何同学回答说：是他设想自己的爱人在家乡采了，想送给自己。

我问其他学生：这种想法合不合情理？

学生说：可以。

我小结道：抒情主人公（或叙述视角）至少可以有男或女两个，只要依据文本本身，言之成理，都是对的。

【活动四】第四个环节

我问：可不可以根据"忧伤以终老"中的"终老"二字，来判定是男的为抒情主人公，还是女的为抒情主人公呢？

学生说：男的。

我问：为什么？

学生说：远离家乡的情况不外乎求学、打仗和做官，这些都是男的做得多。

我再问：这几种原因中，那种更可能？

学生说：第二种，打仗。

我继续问：为什么？

学生说：东汉末年，社会动荡，战乱多啊！

我答道：OK！好极了！

到这里为止，我们不知不觉品完了第一首诗，用时大约15分钟。

对《短歌行》和《归园田居》两首诗的品读，顺着这一畅快劲儿，花了接近20分钟。下面记一记品读时的几个主要细节。

【活动一】第一个环节

我问：《短歌行》的诗眼是什么？

学生说："忧"字啊!

我问:出现几次?

学生说:三次。

我问:出现频率够高了,是诗眼。

【活动二】第二个环节

我问:作者"忧"的是谁啊?

学生说:"君"!

我问:"君"的身份(是什么人)呢?

学生说:人才。

我问:何以见得是人才?还有哪些名词可以和"君"画等号?

学生说:看课文注释可以知道,还有"嘉宾"也是指"君"。

【活动三】第三个环节

我说:请大家在第一诗节和第二诗节找出事件主人公曹操与"君"(人才)一起活动的画面,用自己的语言描述。

还是何同学描述了"青青子衿,悠悠我心""呦呦鹿鸣,食野之苹""鼓瑟吹笙"的场面,说这是曹操自己与其属下在一起的和睦场面。

我问:是已经发生的,还是设想的?

其余学生说:想象的。

我补充道:所以他"忧"啊!

我又让马同学描述第二诗节"越陌度阡……何枝可依"等八句所呈现的场面。她描述了前四句,说这是曹操在找自己的老朋友(人才)。

我问全体学生:"乌鹊"是谁?它在做啥?这时,大家七嘴八舌说,这是人才也在寻找,我说:找什么?大家说是在找靠山。

我趁机说:这说明曹操与他所想要的人才是有某种契合的。所以,诗末才有"天下归心"的信心和气魄!并补充说"山""海"是隐喻曹操自己心胸的,这与《观沧海》可以打通来想。还说,信心和气魄都是非现实的,现实的情况应该是,曹操还处在打天下的早期,未知的、不确定的因素尚多,所以"忧"心忡忡!

【活动四】第四个环节,学习《归园田居》

我说:有人用"易字""常景""真情""至理"等四个词来评价这首诗,

"易字"很好懂，就是说这首诗使用的字词都很浅易，大家看看，除了"羁鸟"的"羁""暧暧"的"暧"和"墟里"的"墟"稍有难度，其他的都是常用字词。我们一起来探讨这后面的"常景""真情""至理"，先找找写"常景"的诗句。

学生很容易找到"方宅十余亩……虚室有余闲"等十句，外加"开荒南野际"一句。

我又让他们口头描述这些语句所呈现的田园美景，特别提醒他们深入感受"荫""暧暧""远""无尘杂""虚室"等词，点明这是说抒情主人公居处环境的绿色生态、宁静和谐、旷远自在、自由无羁……

为什么是"常景"呢？"常"作何理解呢？——与当下我们所居处的雾霾笼罩环境比较，昏暗模糊的"暧暧"炊烟虽然与雾霾在直觉上类似，但炊烟让想到饭菜的香味，是宜人的，而雾霾则是害人因而是令人厌恶的……因而"常景"的"常"指的是正常的、宜人的。

这样一来，学生也就顺理成章地懂得陶渊明之所以爱"丘山""田园"而厌恶"樊笼"（官场），原来是出自人对宜人宜居生存环境的要求。

对"至理"的理解较难，涉及对人性本质的终极思辨，我设计了两个问题。

第一个问题：为啥"田园"宜人？除了绿色、宁静外，在"方宅十余亩，草屋八九间""暧暧远人村""依依墟里烟""狗吠深巷中""虚室有余闲""开荒南野际"等句中，作者着力突出的是什么？

第二个问题：曹操招揽人才是要建功立业、拥有天下，而陶渊明却要退回家园、固守田园，我们如何评价二者的人生追求呢？

对这两个问题，我和同学们探究出的是：陶渊明的诗句极力凸显生存空间的充足和阔大，联系城市化条件下，当代人从农村到城市，又从城市到农村的流向，以及一些人对房子、车子等物的追求和向往等现象中，我们明白人（生命）既是时间性存在物，也是空间性存在物，个体的人是这样，族群也是这样，对生存空间的向往、坚守和争夺也将是一个永恒的主题。

陶渊明的"守拙"之"拙"，在于守住了人的本性，如果说曹操是一位勇于进取的"志士"，值得肯定；那么陶渊明则是固守人性之另一本色和本性的"真人"，二者只有人生价值取向的不同，并无对错之分。这就是"至理"所在。

第二节　因果思辨训练的一个范例

——《小狗包弟》课后记①

　　《小狗包弟》一文开头用一个长段描述了一位艺术家与狗患难与共的故事。第二自然段到第九自然段从正面和侧面写一条乖巧聪明、通人情的小狗给"文化大革命"中作者一家人带来许多乐趣，后来由于"抄四旧"，小狗被作者送去医院做解剖实验。第十段到第十三段写作者自己之后为此而受的"煎熬"，甚至仿佛被"放在油锅里熬煎"。

　　单就表面看，文章似乎没有什么深意。学生没有经历"文化大革命"，对"文化大革命"了解不多，难以懂得文章的分量，很容易极其浅表地把它理解为一般意义上主人对小动物的爱怜，从而难以理解作者受"煎熬"的真正原因，难以深入把握此文的写作目的。

　　为了使学生明白本文主旨在于透过表层人与狗的关系，透视人与人不忠诚以及整个社会善良和真诚消退后留下的荒芜和麻木，我从课文第十一段入手，结合课后"研讨与练习"中第二题的若干材料，帮助学生克服认知障碍，通过恰当归因分析，训练其因果思辨能力，准确、深入理解文章。

　　下面是课文第十一段原文：

　　整整十三年零五个月过去了。我仍然住在这所楼房里，每天清早我在院子里散步，脚下是一片衰草，竹篱笆换成了无缝的砖墙。隔壁房屋里增加了几户新主人，高高墙壁上多开了两扇窗，有时倒下一点垃圾。当初刚搭起的葡萄架给虫蛀后早已塌下来被扫掉了，连葡萄藤也被挖走了。右面角上却添了一个大化粪池，是从紧靠着的五层楼公寓里迁过来的。少掉了好几株花，多了几棵不开花的树。我想念过去同我一起散步的人，在绿草如茵的时节，她常常弯着身子，或者坐在地上拔除杂草，在午饭前后她有时逗着包弟玩……我好像做了一场大梦。满园的创伤使我的心仿佛又给放在油锅里熬煎。②

---

　　① 此课例为校内常态课。

　　② 人民教育出版社等编著：《普通高中课程标准实验教科书　语文1（必修）》，人民教育出版社2007年版，第34页。

　　课后"研讨与练习"中的第二题的几个主要语言材料：

　　仿佛同赫尔岑一起在 19 世纪俄罗斯的暗夜里行路……像赫尔岑诅咒尼古拉一世的统治那样诅咒"四人帮"的法西斯专政。（巴金《一封信》）

　　我从《忏悔录》的作者这里得到安慰，学到了说真话。（巴金《再访巴黎》）

　　要讲话就得讲老实话，讲自己的话，哪怕是讲讲自己的毛病也好。（巴金《"豪言壮语"》）

　　作者写的也不过是一些"身边琐事"，不过由于作者生活的时代是不平凡的时代，因此，"身边琐事"也就有了更深广的内涵。（黄裳《读巴金〈随想录〉的随想》）

　　《随想录》的独特之处，《随想录》的价值，主要在于它是一个受害者的严肃反思，一个正直心灵的痛苦自审，一个最无责任者对自己责任的拷问。（李存光《巴金传》）①

　　这两部分文字，一为对"文化大革命"时代的诗化语言表达，一为直白的概念式语言表达，但都说明那是一个真诚尽失、正直和人情匿迹的时代。学生据此可参互理解，进而把握作者备受煎熬的根本原因。
　　以下是学生对作者备受"煎熬"原因归纳的几个例子。

【示例一】

"煎熬"的原因

何　容

　　作者非常喜爱这个小狗，却因为时势所迫送走了它，他感到自己的自私和无能。

　　许多年后，作者之前所住的楼房早已物是人非，每一物件仿佛都会说话的人，都会录像，承载了许多记忆，与现在孤身一人的作者形成了对比，怎不受煎熬？

　　在"文化大革命"时期，作者六十多岁了，遭遇了他从未经历的磨难，一个老人是经不起折腾的，而这些给他留下了不可磨灭的阴影，这些阴影折磨着他。

---

　　①　人民教育出版社等编著：《普通高中课程标准实验教科书　语文 1（必修）》，人民教育出版社 2007 年版，第 35 页。

在"文化大革命"时期，处处是谎言，人与人更是有着深深的不信任，对巴金这个忧国忧民、想说真话的人来说，不也是一种精神上的煎熬吗？

【示例二】

心中永远的痛

李元卉

"文化大革命"期间，作者无奈之下将小狗包弟送去医院做医学解剖实验。时隔多年，"文化大革命"的硝烟早已散去，而烙在作者心中的伤痛却还未结疤。

作者望着眼前大致相似的景象，却早已没有了妻子在院中除草及跟包弟嬉闹的踪影，只剩下一片衰草和几棵不开花的树，还有被挖去葡萄藤的坑……

对于当时无力保护的一只小狗，作者因亲手将它送去解剖感到无奈和惭愧，想到自己最爱的人早已离自己远去、无法回到过去而万分难过，这些是"文化大革命"造成的，但作者并不想回避自己的错误，因而备受煎熬！

作者对一只小狗承认错误，以小见大，表明了作者内心已经开始反省且勇于承担责任，不再回避历史，而选择让自己求得心灵的解脱。

【示例三】

"煎熬"的原因

何金洪

在"文化大革命"中，作者为了保全自己而把小狗包弟送到医院做实验。那是陪伴了他多久的小狗啊，怎能不伤感呢？他心中愧疚万分，自责不已，但所有的一切早已物是人非，这无疑是对他内心的考验。

作者心里的煎熬是他对自己过去种种行为所进行的深刻反思和自审，也是对自己当时不负责任和无能的拷问，除此之外，他也不能再挽回什么了，只有到现在，他才能讲出自己的心声，讲真话，这何尝不是一种内心煎熬呢？

其实，当时举国上下并非只有巴金一个人违背了自己的良心，那个时代，人们内心是扭曲的，人与人之间连友爱尚且没有，更何况是人与动物呢？这怎能不是一种煎熬呢？

第三节　简明的，就是好的

——《拿来主义》教学体会①

鲁迅的《拿来主义》当然是一篇经典文章了，学它教它多少遍，这一次怎么教呢？在读课文、翻阅完有关参考资料后，我确定了将如下三个主问题作为教学的主要内容并围绕它展开教学活动。

问题一："拿来主义"的具体内容是什么？作者阐述这一内容时，在表达上有何特色？

问题二："闭关主义""送去主义"与"拿来主义"，在行文逻辑上是什么关系？结合课文最后一段以及第七至九段，总结鲁迅本文思维上有何特点？

问题三："幽默"和"讽刺"有何区别？赏析文本"讽刺"的语言特色。

下面略述行课情况和体悟。

第一个问题，主要指向文本内容的把握及有关探究，并学习比喻论证这一表达方式。我先让学生在原文中勾画出"所以我们要运用脑髓，放出眼光，自己来拿""他占有，挑选"两句。此外，还有学生说"或使用，或存放，或毁灭"也是"拿来主义"的内容等。

接下来，我让学生用自己的语言说出前两句意思和着力点，后者为"态度"与"做法"。我提醒学生补充出"拿来"的对象——"学艺"（学术艺术）、传统文化、外国文化以及一切属于别人的东西。我们还确认出在当时鲁迅主要指的是"传统文化"，而改革开放时期主要为"外国文化"，当下则"传统文化"与"外国文化"兼之。

学生开始时把第八、九段所运用比喻论证手法误为例证法。为了区分二者，我让学生把"大宅子""鱼翅""鸦片""烟灯烟枪""姨太太"先圈出来，再从"大宅子"上突破。

我问："大宅子"有无具体所指？

学生回答说：没有。

我说：既然没有具体指向，就不是例子。而把这个"大宅子"与文本中"祖上""继承"联系起来想，很容易想到什么呢？——学生恍然大悟：遗产、历史、传统文化！

---

① 此课例为校内常态课。

第二个问题，主要训练学生的思维能力。"闭关主义"概括了中国的漫长历史和生存状态，是"送去主义"与"拿来主义"出现的历史大背景。而"送去主义"与"拿来主义"之间则构成一对行为方向相反的矛盾概念，正如学生正在开展的辩论赛中的正方和反方。有趣的是，第一、第二段，第三、第四、第五段，第六、第七段分别构成正反两方论辩的三个回合——列举"送去"（反方）的错误做法的三种现象后回到"拿来"的话题。归谬"送去"（反方）做法的危害后回到"拿来主义"，继续列举"送去"（反方）现象后提出"拿来主义"（正方）主张——"运用脑髓，放出眼光，自己来拿"。接下就是本文的行文主体——用比喻论证具体阐述对待文化遗产和一切不属于自己当下所有的东西——"大宅子"的态度和策略。

我还利用最后一段这个"逻辑集成块"训练学生的逻辑思维。先让学生背，再让他们推测为何让他们背，以引导学生思考领悟其中逻辑力量（总态度原则—处理措施—效果影响—条件和要求—意义价值）。

对第三个学习任务，主要通过分散体悟语言和集中完成课后作业第三题来解决。比如第一段"进步"学生将其转化为"离谱"——从而知道用的是反语手法。第三段末的"奖赏"实质为"施舍"，同样是用反语来讽刺。"捧""挂"则凸显无聊的"显摆"形象。

课后，我随机询问了一些学生，他们反馈说学了该文后有"印象"，而学生在晚间读书栏目上评价《南方周末》文章时，说对"养生物品"要"运用脑髓，放出眼光，自己来拿"，也表明教学效果有了显现！

第四节　语文处处皆思辨
——《过秦论》《师说》《六国论》教学记①

人教版《普通高中实验教科书　语文3（必修）》文言文单元这一轮教学，备课组把《过秦论》与《六国论》，《师说》与《答韦中立论师道书》两两搭配，实现必修与选修教学内容的整合，这主要是从课文话题内容的相关性角度考虑的，而在实际教学中，除完成文言文语言点落实、文章内容理解的教学任务外，我个人还特别注意引导学生开展逻辑思维训练方面的活动，下面简单谈谈我的做法。

---

① 此课例为校内常态课。

【活动一】学习"归纳"和"演绎"两种基本思维路线

观察四篇文章的整体思路走向，体会归纳和演绎两种思维路线的特色和优长。在整体通览时就可做这种训练，我先让学生通览《过秦论》和《师说》，找出各自观点，学生很自然地发现两篇文章论点所在位置完全不一样：《过秦论》在文末，《师说》在开头。我问学生知不知道"归纳"和"演绎"这两个概念及其区别，学生当时不是特别明了。我就告知学生："归纳"是从现象、个案到结论或观点、判断，而"演绎"则正好相反，从观点、判断到个案和举例、现象。对应起来，学生自己很容易判定《过秦论》整体行文思路是归纳，而《师说》为演绎。此外，《六国论》也为演绎，《答韦中立论师道书》则不典型。

我还让学生把两种思路与自己的议论文写作联系起来思考。大家发现，议论文写作初期，容易走"归纳"的路线，逐渐成熟时，则容易选择"演绎"，因为"演绎"更有利于阅读者把握写作者表达的观点与要点。

【活动二】强化训练学生的原点思维模型

所谓原点思维，就是学会围绕一个思维对象（或概念、中心词），按照一定理路和环节展开思考。主要有两种模型：

一是"正—反—合"模型。这是西方哲学家黑格尔在康德理论的基础上提出的，在《师说》中体现得极为充分，为了更加直观，我在原文中做了标记。

师 说
韩 愈

古之学者必有师。师者，所以传道受业解惑也。【正】人非生而知之者，孰能无惑？【反】惑而不从师，其为惑也，终不解矣。【正】生乎吾前，其闻道也固先乎吾，吾从而师之；生乎吾后，其闻道也亦先乎吾，吾从而师之。吾师道也，夫庸知其年之先后生于吾乎？【合】是故无贵无贱，无长无少，道之所存，师之所存也。

嗟乎！师道之不传也久矣！欲人之无惑也难矣！【正】古之圣人，其出人也远矣，犹且从师而问焉；【反】今之众人，其下圣人也亦远矣，而耻学于师。【合】是故圣益圣，愚益愚。圣人之所以为圣，愚人之所以为愚，其皆出于此乎？【正】爱其子，择师而教之；【反】于其身也，则耻师焉，惑矣。彼童子之师，授之书而习其句读者，非吾所谓传其道解其惑者也。句读之不知，惑之不解，或师焉，或不焉，小学而大遗，【合】吾未见其明也。【正】巫医乐师百工之人，不耻相师。【反】士大夫之族，曰师曰弟子云者，则群聚而笑之。问之，则曰："彼与彼年相若也，道相似也。位卑则足羞，官盛则近谀。【合】"呜呼！师道之不复，可知矣。巫医乐师百工之人，君子不齿，今其智乃反不能及，其可怪也欤！

圣人无常师。【正】孔子师郯子、苌弘、师襄、老聃。【反】郯子之徒，其贤不及孔子。【正】孔子曰：三人行，则必有我师。【合】是故弟子不必不如师，师不必贤于弟子，闻道有先后，术业有专攻，如是而已。

【正】李氏子蟠，年十七，好古文，六艺经传皆通习之，不拘于时，学于余。余嘉其能行古道，作师说以贻之。①

《六国论》《劝学》也是较好的范本。

通过教学，让学生反复感知"正—反—合"的文本模型，强化逆向、辩证思维，写作时我还专门要求学生这样思考，这在半期考试作文中有了较好回应。

二是"是什么—为什么—怎么样"或"提出问题—分析问题—解决问题"的思维模型。这是中国人自己总结出的模型，有人曾说过：写文章大不了就是要提出一个问题，然后加以分析，最后给出解决问题的办法。很显然，这是演绎思维策略的具体化。它几乎是思考问题的"通项公式"，即遇着任何一个话题或问题都可以从以上三个维度思考，而面对实际问题还要确定是在这三个环节上全面阐述，还是侧重某一环节、某几环节展开思维和表述。当然，如何"侧重"又是一个值得探讨的话题。

【活动三】训练打磨逻辑思维的"集成块"

仍以《师说》为例。学完全文后，我设计了一个问题：关于《师说》的中心论点，有三种观点——一种说法是"古之学者必有师"，另一种说法是"古之学者必有师。师者，所以传道受业解惑也"，还有一种说法是"道之所存，师之所存也"。

学生通过反复品读全文，发现"古之学者必有师"在第一、二段贯穿充分，在第三段则较弱，但既然在行文主体都有贯穿，就可以被认定为中心论点。"古之学者必有师。师者，所以传道受业解惑也"与第一句类似。而"道之所存，师之所存也"则主要落脚于第三段，这一段是引申论证，因此该句作为全文中心论点的证据不足。这样，可以带领学生在比较分析中，训练他们因

---

① 人民教育出版社等编著：《普通高中课程标准实验教科书 语文3（必修）》，人民教育出版社2007年版，第54~55页。"【】"为笔者所加，标示其后文语句与全文中心论点以及第二、三段分论点之间的逻辑关系。

果思维的严密性。

再就是阅读该文的第三段"圣人无常师。孔子师郯子、苌弘、师襄、老聃。郯子之徒，其贤不及孔子。孔子曰：三人行，则必有我师。是故弟子不必不如师，师不必贤于弟子，闻道有先后，术业有专攻，如是而已"时，思考"圣人无常师"与上文的联系，明白思维的层进和跃升（深度、广度），重点明确第二、三句与第一句的关系，明白"孔子师郯子、苌弘、师襄、老聃"是对"无常师"的例证，"郯子之徒，其贤不及孔子"是论证"无常师"的重要性和必要性，"三人行，则必有我师"则讲的是"无常师"的可能性。"是故弟子不必不如师，师不必贤于弟子，闻道有先后，术业有专攻，如是而已"则是推论以及对这一推论的解释和补充说明。

第五节　让表达成为严丝合缝的思维"集成块"
——《记念刘和珍君》教学记①

对《记念刘和珍君》一文，学生普遍觉得难懂。究其原因，固然与作者及所写内容距今间隔久远有关，但主要原因恐怕更在于全文分七个部分，整体观感零散，而且各个部分内容初看没多少"感觉"。

我在进行本课的教学设计和操作时，通过把握文中的"语言抓手"，较为成功地解决了上述困惑，下面就将我的做法略作陈述。

对于全文思路的把握，我主要抓住贯通全文的几个语句来完成。它们具体是：第一部分第二段的"我也早觉得有写一点东西的必要了"，第三段的"可是我实在无话可说"；第二部分第二段的"我也早觉得有写一点东西的必要了""我正有写一点东西的必要了"；第四部分第五段的"我还有什么话可说呢"；第五部分第一段的"但是，我还有要说的话"；第七部分最末句的"呜呼，我说不出话，但以此记念刘和珍君"。②

从这些语句中，我们可以较为轻松地得知作者之所以"不写""无话可说"，是因为现实如"非人间"般令作者愤怒至极，作者因"出离愤怒"而无言。但作为思想家的鲁迅，生气、愤怒不是他的本色，思考和行动才是，经过

---

① 此课例为校内常态课。

② 人民教育出版社等编著：《普通高中课程标准实验教科书　语文1（必修）》，人民教育出版社2007年版，第27～31页。

痛苦思考之后，他自然要以笔为刀——写作了。

由此，透过外在的语言载体，抓住了上述"情感"脉络，对文章整体的感觉也就有了。

对于局部文字缜密的逻辑思维把握，我选择和学生一起品读赏析第四部分，并在此基础上让他们仿写。

原文如下：

我在十八日早晨，才知道上午有群众向执政府请愿的事；下午便得到噩耗，说卫队居然开枪，死伤至数百人，【转折】而刘和珍君即在遇害者之列。【转折】但我对于这些传说，【递进】竟至于颇为怀疑。【因果】我向来是不惮以最坏的恶意，来推测中国人的，【转折】然而我还不料，【并列】也不信竟会下劣凶残到这地步。【递进】况且始终微笑着的和蔼的刘和珍君，【递进】更何至于无端在府门前喋血呢？

【转折】然而即日证明是事实了，做证的便是她自己的尸骸。还有一具，是杨德群君的。【递进】而且又证明着这【转折】不但是杀害，【递进】简直是虐杀，【因果】因为身体上还有棍棒的伤痕。

【转折】但段政府就有令，说她们是"暴徒"！

【转折】但接着就有流言，说她们是受人利用的。

惨象，已使我目不忍视了；【并列】流言，尤使我耳不忍闻。【因果】我还有什么话可说呢？我懂得衰亡民族之所以默无声息的缘由了。沉默呵，沉默呵！不在沉默中爆发，【假设】就在沉默中灭亡。①

这个段落共 350 字，仅以关联词为标志，其语意转换就有十多个节点，如果加上无语言标识的意合节点，语意转换应不少于 20 次。分析起来，全段主要用了"顺承""转折""因果""递进""并列""假设"几种基本逻辑思维关系，使整个语段严丝合缝，堪比语言集成块。

在对高 2013 届学生教学时，我便注意到了这一现象，并曾就此要求学生做过仿写练习，有较好效果。高 2016 届我仍然要求学生就现实生活中的某个热点发表看法，并仿照原文的逻辑转换写成一个语段，从学生操作结果看，效果是明显的，下面选录一例。

---

① 人民教育出版社等编著：《普通高中课程标准实验教科书　语文 1（必修）》，人民教育出版社 2007 年版，第 29 页。其中"【】"为笔者所加，标示其前后文的逻辑关系。

【示例】

女子自由恋爱被送进精神病院

李　玥

女工程师陈某因为自由恋爱而被父母送进了精神病院，这是怎样的一个大笑话！现代社会中男男女女都渴望自己可以遇见生命中的那个"TA"，但现实是怎样的愚蠢而可笑，在花一样的年纪，女未嫁，男未娶，他们本该是幸福的一对，但是女方父母是如此不近人情，竟把自己的女儿当病人送进了精神病院。每个孩子不都是父母的骄傲吗？但父母却成了女儿幸福婚姻的最大绊脚石，作为女儿的陈某该是多么的伤心和无奈！

第六节　一次哲理散文教学的有益尝试[①]

2016 届学生进入高中阶段后，语文教学衔接期比较往届更长，本期一堂课上我随兴问学生：你们终于找到了学语文的感觉，回顾高一，哪堂课我只讲了一半就讲不下去而没有下文？他们都说是《故都的秋》。高二下期即本学期我们有了较大突破，除了文学类（宋词）教学顺利得多，就连人教版《普通高中课程标准实验教科书　语文 4（必修）》第三单元（杂文、随笔类）教学，师生互动明显优于往常，在此，我把有关设计、行课和学生反馈做一个简述。

第三单元的这四篇文章均为人文性极强的篇目，结构等技术性因素均不是教学的重点，设计上，我仅仅抓了两个环节：一是勾画，勾画两课时四篇文章的疑难语句并提出自己的疑问，勾画自认为重要的句子并旁批自己的解读。二是微写作（三选一，300~500 字），包括：选择自己感触最深切的语句，写一则感想；摘录自己感兴趣的句子并说出自己的理解；列举父母对自己的影响（按"影响—细节"模式）。

实际操作时，学生勾画出来的两类句子主要有（按行课顺序）：

《人是一根能思想的苇草》：【一】我不能想象人没有思想，那就成了一块顽石或者一头牲畜了。【二】思想形成人的伟大。【三】纵使宇宙毁灭了他，人却仍然要比致他于死命的东西高贵得多，因为他知道自己要死亡，以及宇宙对

---

① 此课例为校内常态课。

他所具有的优势，而宇宙对此却是一无所知。【四】我们全部的尊严就在于思想。【五】我们要努力好好地思想。这就是道德的原则。①

《信条》：【一】［一］有东西大家分享。［二］公平游戏。［三］不打人。［四］交还你捡到的东西。［五］收拾好你自己的一摊子。［六］不要拿不属于你的东西。［七］惹了别人你就说声对不起。［八］吃东西之前要洗手。［九］便后冲洗。［十］热甜饼和冷牛奶对你有好处。［十一］过一种平衡的生活——学一些东西，想一些东西，逗逗乐，画画画儿，唱唱歌儿，跳跳舞，玩玩游戏，外加每天干点活。［十二］每天睡个午觉。［十三］当你们出门，到世界上去走走，要注意来往车辆，手拉手，紧挨一起。［十四］要承认奇迹。别忘了聚苯乙烯培养皿里的那粒小不点的种子：它的根往下生，茎叶往上长，没有人真正知道这是怎么回事或者为什么，而我们大家也都差不多是这么回事。［十五］在那杯皿里的金鱼、老鼠、小白鼠甚或那粒种子，它们都会死去。我们也会。［十六］再就是记住迪克们和琼们的识字课本，以及你从那上面学到的头一个字——也是最重要的一个字——一个大大的"看"字。【二】我真正需要知道的一切，即怎样生活，怎样做事和怎样为人，我在幼儿园就学过。【三】拿上边的任何一条，推行到老练、通达的成年期中，实践于你的家庭生活，或者你的工作，或者你的社区，或者你的生活圈子，都行。【四】或者，要是所有的政府都奉行这么个基本政策，交还它们捡到的东西和收拾好它们自己的一摊子。【五】这仍然是个忠告，不论你们年纪多大——当你们出门，到世界上去走走，最好还是手拉手，紧挨一起。②

《父母与孩子之间的爱》：【一】简而言之就是我被人爱因为我有被人爱的资本——更确切的表达是：我被人爱是因为我是我。母爱的体验是一种消极的体验。我什么也不做就可以赢得母亲的爱，因为母亲是无条件的，我只需要是母亲的孩子。母爱是一种祝福，是和平，不需要去赢得它，也不用为此付出努力。但无条件的母爱有其缺陷的一面。这种爱不仅不需要用努力去换取，而且也根本无法赢得。如果有母爱，就有祝福；没有母爱，生活就会变得空虚——而我却没有能力去唤起这种母爱。【二】天真的、孩童式的爱情遵循下列原则："我爱，因为我被爱。"成熟的爱的原则是："我被人爱，因为我爱人。"不成熟

---

① 人民教育出版社等编著：《普通高中课程标准实验教科书　语文4（必修）》，人民教育出版社2006年版，第52页。其中"【一】【二】……"为笔者所加，标示其后文语句序号。

② 人民教育出版社等编著：《普通高中课程标准实验教科书　语文4（必修）》，人民教育出版社2006年版，第52~53页。其中"【一】【二】……""［一］［二］……［十六］"为笔者所加，标示其后文语句序号。

的、幼稚的爱是："我爱你，因为我需要你。"而成熟的爱是："我需要你，因为我爱你。"【三】母爱就其本质来说是无条件的。母亲热爱新生儿，并不是因为孩子满足了她的什么特殊的愿望，符合她的想象，而是因为这是她生的孩子。【四】同父亲的关系则完全不同。母亲是我们的故乡，是大自然、大地和海洋。【五】父亲虽然不代表自然世界，却代表人类生存的另一个极端：即代表思想的世界，人所创造的法律、秩序和纪律等事物的世界。父亲是教育孩子，向孩子指出通往世界之路的人。【六】父爱是有条件的爱。父爱的原则是："我爱你，因为你符合我的要求，因为你履行你的职责，因为你同我相像。"正如同无条件的母爱一样，有条件的父爱有其积极的一面，也有其消极的一面。消极的一面是父爱必须靠努力才能赢得，在辜负父亲期望的情况下，就会失去父爱。父爱的本质是：顺从是最大的道德，不顺从是最大的罪孽，不顺从者将会受到失去父爱的惩罚。父爱的积极一面也同样十分重要。因为父爱是有条件的，所以我可以通过自己的努力去赢得这种爱。与母爱不同，父爱可以受我的控制和受我努力的支配。【七】人从同母亲的紧密关系发展到同父亲的紧密关系，最后达到综合，这就是人的灵魂健康和达到成熟的基础。①

《热爱生命》：【一】坏日子，要飞快地"度"，好日子，要停下来细细品尝。【二】至于我，我却认为生命不是这个样的，我觉得它值得称颂，富有乐趣，即使我自己到了垂暮之年也还是如此。我们的生命受到自然的厚赐，它是优越无比的，如果我们觉得不堪生之重压或是白白虚度此生，那也只能怪我们自己。【三】"糊涂人的一生枯燥无味，躁动不安，却将全部希望寄托于来世。"【四】这倒不是因生之艰难或苦恼所致，而是由于生之本质在于死。因此只有乐于生的人才能真正不感到死之苦恼。【五】我比别人多享受到一倍的生活。因为生活乐趣的大小是随我们对生活的关心程度而定的。【六】我想靠迅速抓紧时间，去留住稍纵即逝的日子；我想凭时间的有效利用去弥补匆匆流逝的光阴。剩下的生命愈是短暂，我愈要使之过得丰盈饱满。②

　　四篇文章的教学，用了两个课时。遗憾的是，我没有做实录的准备，在这里，我仅仅记下行课过程中自认为最具生成性的几个细节：

　　学习《人是一根能思想的苇草》时，讨论"思想"与人的"高贵""尊严"

---

① 人民教育出版社等编著：《普通高中课程标准实验教科书　语文 4（必修）》，人民教育出版社 2006 年版，第 47～49 页。其中"【一】【二】……"为笔者所加，标示其后文语句序号。

② 人民教育出版社等编著：《普通高中课程标准实验教科书　语文 4（必修）》，人民教育出版社 2006 年版，第 51 页。其中"【一】【二】……"为笔者所加，标示其后文语句序号。

"伟大"的关系，我向两个方向引导学生：首先，问学生历史上令人印象深刻、影响社会历史发展的一般是什么人物（"思想家"而非其他"家"）并让他们列举中外代表性人士（特别是孔子、老子和庄子，苏格拉底、柏拉图、犬儒学派之戴奥真尼斯等）。其次，普通人的成事与成功靠什么（观念领先：不怕做不到，就怕想不到）？

学习《信条》时，我让学生把勾画出的十六条语句现场分成三组。第一组：[五] [八] [十] [十一] [十二]，学生思考确定这一组主要说的是做自己，做好自己的常规和常态。第二组：[一] [二] [三] [四] [六] [七] [十三]，这一组主要说人与人要和谐和团结。第三组：[十四] [十五] [十六]，则涉及如何认知世界（对世界要敏锐、充满好奇心等），面对时光和生命的有限性如何进行终极思考……

对《人是一根能思想的苇草》《热爱生命》中"人却仍然要比致他于死命的东西要高贵得多，因为知道自己要死""生之本质在于死"的理解。前者在于强调人自我意识或自我反思能力——仅人类独有（高于他类者为"高贵"）；后者是说个体生命的有限性，由生命有限出发而追求生命的宽度和厚度，从而获得生命的乐趣和价值。

最后记一记"微写作"的效果。多数学生写的是父母给自己的影响，下面摘录几则。

【示例一】

父母的爱

王安邦

父亲的爱：从小培养我的生活能力。上了初中我就必须自己洗衣服，清晨6点必须起床，负责每天的早饭、扫地，晚上9点之前睡觉——在我失措、无助时，父亲总能为我寻得好办法：刚上初中时，我对物理学习感到很吃力，父亲知道后，立刻帮我探寻学习物理的好办法；他经常鼓励我，每次我处在考前疲倦期，父亲便会发短信来，给我一些建议。

母亲的爱是疼爱。冬天为我织毛衣，不管我犯了什么错，她总是包容我、原谅我，我心情不好时说一些不好听的话，但妈妈总是原谅我，经常给我讲一些生活上的道理。

【示例二】

父母对我的爱

王金鑫

不知从何时起，一根根银丝渐渐攀爬到了母亲头上，不知从何时起，一条条沟壑渐渐出现在母亲额头。无情的岁月促使这一切发生，母亲在燃烧自己的一切——青春、爱情和年华，来换得她孩子的健康成长。

母亲的爱是细致入微的。那次换裤子，钥匙和钱等一样东西都没带，我在学校发现时，心急如焚，后来返回家去，惊奇地发现自己所要的东西已全部放在门口，顿时一股暖流遍及我全身……

若说母爱是温暖的大海，宽容我的过失；那么父爱便是一座雄壮的大山，校准我的前进方向。

父亲从不会把"我爱你"说个不停。他只会在我的身后用行动默默地支持我，在家中做几道可口的饭菜。大多数时候他在外四处奔波，忙于维持家中的生计，常常是手上砸出了大血泡，或是一条长长的口子，有一次甚至在操作中不慎触电，全身都麻木了……事后，我听到的只是一句"一点轻伤而已"！

总体说来，这几篇文章的教学尝试是成功的，主要在于通过问题设计，解决培养学生人文思维、哲学思辨等问题。

第七节　一次真正意义上的单元整体教学

——人教版《普通高中课程标准实验教科书　语文4（必修）》第二单元教学记①

在本学期入学考试、试题评讲和学生自我总结，占用了第一、二周后，我利用第三周和第四周两个星期完成了人教版《普通高中课程标准实验教科书　语文4（必修）》第二单元的全部教学任务，包括学习意见征询、单元测试和第一次作文训练，教学主线清晰，各项任务完成高效而顺畅。

首先回顾教学过程。

第一步，进入单元教学之前我做了两件事：第一，在两个班告知学生先通览人教版《普通高中课程标准实验教科书　语文4（必修）》二单元的八首宋词。第二，评定出自己喜欢的作家或作品（或叫"人气王"）。这一环节，两个班的学生大部分认定是苏轼，当然也有人说是李清照，还有人说最不喜欢辛弃疾。在此基础上，我们共同约定这一单元的学习顺序为：五—四—六—七。（笔者注：大写数字序号为课文序号）

第二步，我告知学生，单元学习的三大环节：其一，（朗）"读"—"看"

---

① 此课例为高2013届校内常态课。

（正文、注释、课后练习和有关资料）—"背"（诵）；其二，再读，深入鉴赏每一首词，并旁及相关词作品；其三，巩固练习，进一步拓展积累其他词作。

第三步，落实上述设计和目标。

下面记载有关亮点：

在"读—看—背"环节，学生积极性很高，课堂一片读书声，我们要求首先通读八首词，确定大致基调。学生根据词作以及对作者所属流派的了解，确定基调为《望海潮》，轻快；《雨霖铃》，低抑；《赤壁怀古》，豪壮；《定风波》，淡定；《水龙吟》，悲壮；《京口北固亭怀古》，悲壮；《醉花阴》，悲凉；《声声慢》，悲凉。当然，校正字词读音也是情理之中的事。

除两首辛词和《定风波》，我们还借助了多媒体朗诵其余词作。其中效果最好的是《赤壁怀古》《望海潮》《雨霖铃》《声声慢》，学生主动要求关掉视频，静静地沉浸在音乐和词交合所营构的意境中……

这一阶段，我引入杨慎的《临江仙》也恰到好处，因为它与《赤壁怀古》有传承和化用关系，学生很容易找到比较点，尤其是"大江东去，浪淘尽，千古风流人物"和"滚滚长江东逝水，浪花淘尽英雄"两句之间相通的气韵和内涵，再配上杨洪基的演唱，同学们被轻松带入氛围。

在第二环节，即词的细品环节，有五个可记之处：

一是品读《望海潮》时，学生较为轻松地发现了词中的逻辑线路，即上阕"东南形胜，三吴都会，钱塘自古繁华"中的"形胜""都会""繁华"分别与"云树绕堤沙""参差十万家""市列珠玑"三句构成总分关系，下阕"重湖叠巘清嘉……吟赏烟霞"与"好景"构成分总关系。

二是学生领悟到意境与画面的关系。准确地讲，意境是由若干画面组接而成的，鉴赏诗词作品时，我们可能是先笼统地感觉到某种图景，再细读进入若干片段的画面，最后整合成完美的图景。以《赤壁怀古》为例，初读留下的第一印象是：作者描绘了一幅"景—人—情"交织的图景，进一步品读，发现这是由作者伫立江边，面对滔滔江水——怀望不同寻常的赤壁旧地，想起历史上众多英雄人物——其中在作者的心灵之幕上，周瑜最为闪亮，他英气勃发，指挥若定，豪气冲天，兼有美人相伴——相形之下，自己老大无成，黯然神伤四幅画面组接而成的，整合一下，也就是一幅苏轼伫立江边的行吟图。而其《定风波》则是由"遇雨不顾，吟啸徐行"和"酒醒微冷，蓦然回首"两个片段组成的一次便服出行、不巧遇雨的生活画面。其他词作我们也可以用画面组接方式构制诗词的意境，甚至可以比附为电影的"Montage"（即蒙太奇手法）。

最为重要的是，学生还自然而然地总结出了鉴赏词作品的"三部曲"：

第一步：找词眼，定基调。

第二步：绘画面，赏意境。

第三步：看手法，学术语。

篇幅所限，此处不再细述。

三是本环节中，学生把《望海潮》的基调"轻快"矫正为"豪壮"，把第一阶段确定的《声声慢》"悲凉"基调细化为"凄惨"。这是深度学习的结果。

四是在这一阶段结束时，我有意识地加入了一个学生现场自我总结的环节。17 班用了一节课，人人参与。11 班只用了 10 多分钟作代表性发言，内容上，一是谈了收获，如前所述的"三部曲"；二是提出了下一步学习建议，其中最典型的是建议强化考试训练，特别是针对高考的训练，这让我自然而然地转入下阶段教学。

五是通过连类而及方式，将本单元课内 8 首词扩展至课内课外共读的 16 首。具体而言是苏轼的《赤壁怀古》《定风波》加上杨慎的《临江仙》，苏轼的《和子由渑池怀旧》，柳永的《望海潮》《雨铃霖》加上秦观的《望海潮》，柳永的《蝶恋花》，辛弃疾的两首词加上他的《临江仙·探梅》《青玉案》《摸鱼儿》，李清照的两首词加她的《渔家傲》和《武陵春》，课后学生轻松地将这几首词背了下来。

学生对经由这 16 首词扩展积累出的 32 首、64 首甚至更多诗词表现出兴趣，这是我最愿意看到的。

在最后一个环节中可记录的有：巩固了"基调—意境—手法"的鉴赏模式。学生能较为自觉地运用这一"三部曲"去鉴赏，而且在鉴赏《学知报》上辛弃疾的《鹧鸪天·代人赋》的过程中，我们确定基调时，都涉及对注释的关注，很有启发意义。答题时，学生对"总—分—总"模型和并列逻辑模型答题思路有所领悟。

上述教学过程中的几点收获，限于篇幅，恕不展开阐述：一是教师整体规划单元教学，提前晓谕学生，师生双方操作时心中有数，避免了盲目和随意。二是三个环节设计，层层推进，使整个单元教学显示出流畅性。尽管我们将词的鉴赏量扩大了一倍，且要求他们同步背诵，但学生并没有感到困难。三是学生活动多于教师讲解，教师预设教学环节及其目标，充分调动了学生的积极性，学习氛围轻松愉快，真正实现了学生自主，这是本单元教学的最大收获。四是多媒体使用围绕作品鉴赏需要，特别是服务于学生想象和思辨的需要。这一点在听专家朗诵时只听不看视频上，得到充分落实。五是本单元教学再一次证明，归纳的教学逻辑思路比演绎思路要更适合于高中学生。六是如何把诗词鉴赏量的积累和考试分数的提高完美统一起来，则是需要进一步解决的问题。由于单元测试尚未进行，因此成绩效应有待检验，也有待长时间探讨。

第八节　课如行文，细大以成
——长沙第九届"语文报杯"全国中青年教师课堂大赛记

我一直很喜欢胡适先生的"大胆假设，小心求证"两句话，认为它可映照人生和人事。课堂教学中也可说出个"大"与"小"来。

2013年7月26日至28日，我工作室一行冒酷暑，抗疲劳，每日6点半起床，中午不午休，晚上听讲座至10点半，先后听了一堂示范课十三堂赛课。总的体会是，上好一堂课真不容易，十三堂赛课中，比较完美的仅有新疆生产建设兵团第二中学冯瑄的阅读课"人是一根能思想的苇草"和河北石家庄市第二中学杨继光的作文课"让你的认识更加深刻"。

整个赛课让我又一次明白：上课也是把控"大"与"小"的艺术。"大"即课堂的创意与构想，要立足高远；"小"是细节操作，要精准、得体与到位。凡成功的课，一般在这两方面可圈可点。而失败的课呢，要么是在"大"的方面，即课堂目标定位高度不够、思维宽度与广度乏善可陈、课堂结构冗杂不清爽等；要么是在"小"的方面，即语言品味、情境想象、情感体悟以及思致深度等方面达不到细处或深处。

下面主要以阅读课"人是一根能思想的苇草"和作文课"让你的认识更加深刻"来具体说明。

先说"大"的方面。

新疆的冯老师把该课教学目标紧紧锁定在人性的脆弱、人的思想和人性的高贵方面，显得集中而清晰。石家庄杨老师的作文课，教学目标则更为集中，完全落脚在训练学生"认识的深刻度"上。这正如写一篇文章主旨必须明确而集中，否则就会犯"方向路线"错误，以致出现"下笔千言，离题万里"局面，全盘皆输。

再看课堂渗透思想的高度和思维的深度、宽度及广度。这正如作文立意，如果仅仅做到中心或主旨明晰、集中，缺乏深刻高远的意境，通常也不是好文章。阅读课"人是一根能思想的苇草"的执教者，从人性高度和深度带领学生思辨和领悟，又从时跨古今、地越中外宏大的时空维度和学生一起在诸多人物和实例中穿行、体悟，其中，正面人物和实例，执教者先后涉及霍金、桑迪亚戈、毛泽东、苏轼、里克·胡哲等，反面人物则涉及希特勒、日本侵略者、《新唐书》中的士兵吃人、嫁富二代、小悦悦事件等。甚至现身说法，拿父亲故去，自己因工作晚归，未能见亲人最后一面而悲痛欲绝的脆弱来与学生共情……

作文课"让你的认识更加深刻"的执教者，其课堂第一个环节"吃葡萄，悟人生"，用时 20 分钟左右，显示出为人生、为生活而写作的立意高度。第二个环节"讨论：你最喜欢与谁一起吃葡萄"，第三个环节"在现有文稿基础上修改，加入与你自己相反观点的批驳"，第四个环节"认识方法和写作方法的总结"，第五个环节"讨论：哪一种吃葡萄的方法对我们有帮助？"以及最后的一小时作业"整理课上文字成 800 字的文章。一生作业：拒绝平庸"，可谓环环相扣，显示出设计思想的深度和宽度。

次说"小"的方面。

新疆的冯老师的阅读课在如下教学细节做得好：

一是导入时，引用了阿基米德与杀他的士兵对话：罗马士兵闯入阿基米德的住宅，看见一位老人在地上埋头作几何图形，可阿基米德却对他的到来没有反应，士兵拿刀在他眼前晃了晃，阿基米德才反应过来。只见他并没有逃走，而是告诉士兵你们等一等再杀我，我不能给世人留下不完整的公式！——由阿氏崇高的思想自然入题。

二是对题目《人是一根能思想的苇草》中的"苇草"二字作替换，换作"白杨树"或"松树"，以此引发学生对人性脆弱特征的思辨。

三是冯老师和学生一起解读文章后半部分时，让学生先勾画出意思上相互对立的词语，如"天使"与"禽兽""伟大"与"卑贱"等，再联系实例解读和体悟，这对于品味文本来讲，算是抓住了切入点，可谓正得要领！

石家庄的杨老师精彩处主要有：

其一，同样是导入设计到位。他列出葡萄的吃法：吃好的；吃坏的；先吃坏的，再吃好的；先吃好的，再吃坏的；榨汁、酿酒、做葡萄干等。分类准确，逻辑清晰。

其二，导入之后的第二环节，立即出示当场练习题：欣赏吃葡萄的方法，借此来阐述你对人生、对生活的理解。要求：140 字；书写规范，表述严密；观点深刻。直接把学生推上前台表现，课堂主体立显。

其三，结束对现场作文的讨论后，杨老师连发两问：能不能指出对方观点的缺点所在？能不能借助否定对方观点来进一步印证和完善自己的观点呢？两个"能不能"，娓娓而问，有人文关切的温度。

其四，在"方法总结"时，既注意从认识事物角度总结出"由果及因""由肯定到否定"等方法，又注重从写作学角度观察，还让学生看教材，补充出"多问为什么""由已知到未知""由表及里"等诸多方法，可谓思虑周全，面面俱到，角度精准。

最后，是该课所留"作业"也十分细致。第一个作业是"一小时作业：整理课上文字成 800 字文章"。课一上完，就有听课老师惊呼：太富有弹性了！作为赛课，如果课堂时间紧，它就是课后作业；如果课堂时间宽裕，学生便可当场再显身手。而另一个所谓人一生的作业"拒绝平庸"，无疑更是行课者精心策划的精彩一笔，要"拒绝平庸"，必须思考"什么是平庸""为什么要拒绝平庸""如何拒绝平庸"，这样不就再一次把学生的"认识"引向"深刻"了吗？

当然，所谓白璧微瑕，两堂课行课细节上也存在一些小小瑕疵。比如冯老师对学生现场评语惯用"不错"，反复使用"不错"一语，显得泛化而缺少变化和个性；杨老师的写作课虽紧扣"吃葡萄"展开，但导入时列表中以及后来多次提及与"吃好葡萄"相对的"吃坏葡萄"的说法是不准确的，严格讲，"坏葡萄"是不能"吃的"，前提预设有违常理，改为"吃次等葡萄"，似乎更合乎情理。

另外的十一堂课，要么失之于"大"，要么失之于"小"，在"大"与"小"拿捏上出现不同程度失误，较上述两堂课大为逊色，不足为道。

第九节　秋水芙蓉，天高云淡
——《鲁迅：深刻与伟大的另一面是平和》听课记①

2013 年 11 月 14 日，成都七中付阳老师执教人教版《普通高中课程标准实验教科书　语文（选修）》教材中的《中外传记作品选读》第二课《鲁迅：深刻与伟大的另一面是平和》一文，整体过程虽不算十分完美（教师板书、总结等稍有瑕疵），但基本感觉较好，在"教学整体设计"和"课堂设问"两方面有值得借鉴的地方。

下面将执教者教学设计照录如下：

教学目标：一、教师通过学案引导，让学生自主研读和拓展阅读，了解鲁迅先生的深刻与伟大，理解平和的内涵与本质（平易近人、和蔼可亲、风趣慈

---

① 此课例是成都七中为成都市高中语文教研活动提供的选修教材教学研讨课。

爱、充满人情味等）。二、通过合作探究，理解、分析、探究平和的鲁迅能写出犀利、深刻文章的原因（鲁迅先生的平和与他的犀利、深刻是否矛盾），体味鲁迅先生的深度与温度，在吃人的悲凉世界中，先生用他的真与爱温暖着悲苦的人世。

教学重点：学生能探究平和的鲁迅先生能写出犀利、深刻文章的原因。

教学难点：学生能体味鲁迅先生的深度与温度（爱与真诚）。

教学过程：一、导入。展示学生自主研读、拓展阅读的学习情况。之前在同学们中间做过一个调查："如果让你给鲁迅先生画一幅肖像画，你会凸显先生哪一部分的特征？"让我们来看看同学们的精彩描摹。鲁迅先生好像永远都是横眉冷对、怒目金刚，头发、眉毛、胡子仿佛都充满力量，根根挺立。伟大、有深度、有批判性、攻击性、犀利、尖锐、严肃……这些仿佛就是先生的符号。可是萧红女士却告诉我们，先生深刻与伟大的另一面是平和，这是噱头还是事实，就让我们走进她的文字，看看我们似乎早已熟知的鲁迅先生在她的笔下有何不同。二、老师提问，学生品读、探究、交流。问题一：请选出你认为最能表现鲁迅先生平和的细节，进行赏析。问题二：如此平和的鲁迅先生为何能写出犀利、深刻的文章？鲁迅先生的平和与他的犀利、深刻是否矛盾？问题三：鲁迅先生活的时代和社会已经离我们很远了，今天，面对鲁迅先生的战斗和平和，我们更需要继承哪一面？三、结语。①

据成都七中语文组组长黄明勇老师介绍，他们的选修课教学目标为"激趣"和"积累"两项，上课程序一般按"前课—正课—后课"三个环节进行，而我们看到的行课主体活动的"老师提问，学生品读、探究、交流"部分，围绕三个问题展开，三个问题环环相扣：第一问解决对"细节"的感悟，第二问就鲁迅性格的两个对立面激趣思考，第三问则是联系现实拓展。

由上可见，整个设计清清爽爽，自然流畅。

课堂设问引导学生思维向现实生活掘进，高屋建瓴，大气磅礴。主要以问题三"鲁迅先生活的时代和社会已经离我们很远了，今天，面对鲁迅先生的战斗和平和，我们更需要继承哪一面"来说明。

同学们对这一问题争论激烈，似乎谁也不能说服谁；付老师在课堂总结时表明了"平和更为重要"这一观点，在评课时招致了听课教师的质疑，有人甚至质疑问题本身，即没有必要将"平和"与"战斗"对立起来提问。付老师课后解释说，她意在为"平和"找一参照。黄明勇老师在做讲座时还特别予以说

---

① 根据付阳老师示范课要点记录整理。

明，"平和"与"战斗"都是鲁迅所具有的，共同构成了一个真实的鲁迅。

我则认为这一设问深邃而大气，研读文本要深度细读文本，切不可囿于文本。如此恰当设问，正可以把思维触角引向深处。由此，我想到的是：是特殊变革时代衍生出鲁迅等仁人志士的战斗品性，战斗的鲁迅在当时具有特别的意义和价值，但时至今天，和平已是时代主流，个人生活的常态是平和的、理性的、优雅的、内敛的、建设的……而张扬的、浮躁的、破坏性的则是我们所厌恶的。

由此我还想到，语文（言）学习中，我们如果做到使用真实、平和、常态化的、个性化的语言（话语），排斥虚假、浮泛、僵硬的官话、假话、大话，语文就回归到了本位，社会也会因此而健康发展了，这一点与北京大学教授张维迎《语言的腐败》一文所表达的主要观点暗合。

这样说来，其立意不可谓不高。

第十节　从语文思维教育角度看一堂课
——"成都市高中语文阅读研讨暨读书论坛"记

2013 年 12 月 12 日，我听完成都树德协进中学老师的《论语》阅读研讨课，心情十分激动，当时我有一个简短发言，总觉得不深不透，现在再做梳理。

这堂课在结构上，先谈孔子治学，再谈其为人，最后触及孔子思想核心"仁"；呈现方式以学生活动为主，教师引导相机介入，自然而流畅。

而令我兴奋的是，这堂课再次验证了想象力、思辨力无处不在，如果执教教师能有意识地自觉引导，学生的收益就会更大，课堂效果也会更好。

先说逻辑思辨力开发的充分与到位。

首先是课堂整体设计纵深掘进，四个环节"孔子治学—公认的圣人—真性情的平凡人—核心思想'仁'"，按"为学""为人""核心思想"由表及里，层层推进。显得严谨而有纵深感，无可挑剔。

再看局部，反复训练同学们的归纳、演绎、推演、分类、概括等多种逻辑能力，也清晰自然，令人称好。

在行课伊始，学生汇报"孔子治学"时，先概括出"勤奋、严谨、求实"三个特点，显然这是在课前对《论语》中孔子治学的有关条目进行了归纳而得出的结论；接着，同学们举出"学而不厌，诲人不倦"① "知之为知之，不知为不知"② "学而不思，则罔。思而不学，则殆"③ 给予印证，这是演绎。再往下又列举"不愤不启"等相关名言警句予以再印证，这是推演。

第二个环节讲"公认的圣人"，先说孔子是"德之高者"，貌似引用评价，实际还是对孔子为人的归纳和概括，接着说孔子"德高"在于"让""良""仁""俭"等四方面，并一一用"贤者辟世……"④ "故善人者，不善人之师"⑤ "礼，与其奢也宁俭"⑥ 来印证，这与上一环节一样，是在引导学生做推理、解说与分析。

行课最精彩部分，应该是由教师和学生共同探究"仁"的内涵。

教师先说"仁"在《论语》中的出现频率高达一百多次，并做了一些列举，环环相扣，再向孔子对"仁"的自信（"仁，远乎哉？我欲仁，斯仁至矣"⑦）、达成"仁"的方法（"克己复礼为仁""为仁由己"⑧）上引导。

最后归结到对"仁"的概念内核的探究。这一环节设计本身水到渠成，符合逻辑，可惜之处在于内涵未出，功亏一篑。

请看上课教师和学生的探究过程：

教师问："夫仁者，己欲立而立人，己欲达而达人"⑨ "其恕乎？己所不欲，勿施于人"⑩ 说出了"仁"是什么了吗？——师生共同否定。

教师问："子曰：'回也，其心三月不违仁，其余则日月至焉而已矣"⑪ 呢？——师生共同否定。

教师问："伯夷叔齐何人也？……求仁而得仁，又何怨"⑫ 呢？——师生共同否定。

教师问："子曰：'回也，其心三月不违仁，其余则日月至焉而已矣"呢？——师生共同否定。

---

① 钱穆著：《论语新解》，生活·读书·新知三联书店 2002 年版，第 152 页。
② 钱穆著：《论语新解》，生活·读书·新知三联书店 2002 年版，第 37 页。
③ 钱穆著：《论语新解》，生活·读书·新知三联书店 2002 年版，第 36 页。
④ 钱穆著：《论语新解》，生活·读书·新知三联书店 2002 年版，第 347 页。
⑤ 陈鼓应注译：《老子今注今译》，商务印书馆 2020 年版，第 179 页。
⑥ 钱穆著：《论语新解》，生活·读书·新知三联书店 2002 年版，第 50 页。
⑦ 钱穆著：《论语新解》，生活·读书·新知三联书店 2002 年版，第 174 页。
⑧ 钱穆著：《论语新解》，生活·读书·新知三联书店 2002 年版，第 273 页。
⑨ 钱穆著：《论语新解》，生活·读书·新知三联书店 2002 年版，第 149 页。
⑩ 钱穆著：《论语新解》，生活·读书·新知三联书店 2002 年版，第 275 页。
⑪ 钱穆著：《论语新解》，生活·读书·新知三联书店 2002 年版，第 132 页。
⑫ 钱穆著：《论语新解》，生活·读书·新知三联书店 2002 年版，第 161 页。

最后教师投屏"子曰:'圣人,吾不得而见之矣!得见君子者斯可矣!子曰:'善人,吾不得而见之矣!得见有恒者斯可矣!亡而为有,虚而为盈,约而为泰,难乎有恒矣。'"①,以及"若圣与仁,则吾岂敢?抑为之不厌,诲人不倦,则可谓云尔已矣"②,试图探究出"仁"的内涵和本质,但是令人遗憾的是,师生最终也只是得出"圣人"必定先是"凡人"、由凡入圣,再返璞归真、是圣人的同时又是真性情的"凡人"的结论。很显然,这个结论不能令人满意,因为它根本没能揭示"仁"的本质属性。

其实,答案就在孔子的"己欲立而立人,己欲达而达人"和"己所不欲,勿施于人"里,"仁"的意思是:人与人的和谐关系。用句大白话说就是:人与人之间要将心比心。孔子反复强调的"孝""悌""忠""恕"都是"仁"的具体表现,即个体在对师长亲朋、对事业、对一般人等方方面面关系都做到和谐。2006年12月魏书生先生到郫都一中讲学,我和他一起谈到《论语》时,他也坚定地认定了这一点。

走出了步子,但没有走到终点,这是思辨力不逮而留下的遗憾。

还有一个遗憾是,这堂课里存在开发想象力的机遇,但未实施开发的教学活动,使课堂失色。

课上至少有三次机会训练学生的想象力,可惜教师错失了。这三次机会出现在谈"真性情的平凡人""圣人,伟大的一面是平凡"环节里。

教师展示或提及三段文字。

语段一:"颜渊死,子曰:'噫!天丧予!天丧予!'"③

语段二:"宰予昼寝。子曰'朽木不可雕也,粪土之墙不可杇也。于予与何诛!'"④

语段三:"孔子适郑,与弟子相失,孔子独立郭东门。郑人或谓子贡曰:'东门有人,其颡似尧,其项类皋陶,其肩类子产,然自要以下不及禹三寸。累累若丧家之狗。'子贡以实告孔子。孔子欣然笑曰:'形状,末也。而谓似丧家之狗,然哉!然哉!'"⑤(笔者注:上课时,教师似乎只是提及)

对这几个材料的处理,上课教师均如同其他部分一样,选择了用理性分析

---

① 钱穆著:《论语新解》,生活·读书·新知三联书店2002年版,第170页。

② 钱穆著:《论语新解》,生活·读书·新知三联书店2002年版,第177页。

③ 钱穆著:《论语新解》,生活·读书·新知三联书店2002年版,第256页。

④ 钱穆著:《论语新解》,生活·读书·新知三联书店2002年版,第107页。

⑤ [汉]司马迁撰,[宋]裴骃集解,[唐]司马贞索隐,[唐]张守节正义:《史记》,中华书局1959年版,第1921~1922页。

来印证孔子的"真性情"。

而我以为，换个角度和思路，让学生依托文本，在还原彼时彼地的情境中感悟而不是抽象思辨，学生对圣人的"真性情"才会有实实在在的感知。

怎么"还原"呢？其基本方式和策略就是调动学生想象。对语段一，可以设计为，师生用朗读的办法，在模拟孔子于自己爱徒死后的声嘶力竭、悲痛欲绝的声调和情态中感受孔子的痛苦。对第二个语段，则可用角色扮演形式，让学生扮作教师，于对懒惰学生的责骂、呵斥的动作与声音中感悟孔子恨铁不成钢的失望。而对第三个语段呢，如果时间允许的话，可否设计成简短"情景剧"类的形式呢？让同学们做一个简短表述或表演，相信他们获得的感受会更直观，印象会更深刻。

为什么要调动同学们的想象力呢？因为想象力的发挥牵动着他们的情感、情绪，"情根"一动，不用你说什么或说多少，理解、领悟等也就水到渠成了。

第十一节　写述评：寻找阅读与写作之"桥"①

众所周知，阅读和写作是语文教学活动的两大板块。但长期以来，困惑我们的是，这两大板块常常并行推进，平行、分离多，交叉交融少。此次开展人教版《普通高中课程标准实验教科书　语文 4（必修）》第一单元话剧的《雷雨》和《哈姆莱特》教学时，我让二者合而为一，开展教学活动。

我设计的活动形式是：写述评。

单元整体教学按"熟悉剧情（冲突）、理清人物关系、鉴赏语言""动手整理学习收获""完成相关练习和拓展"三大步骤设计推进，其中，第二个环节（主体环节）的重要任务便是写作"述评"，其具体操作要求：一是在两课人物、情节（冲突）、语言等方面选定一个单一、集中的对象作为自己的述评对象，切口越小越好，对应于议论文写作的"话题"或"论题"类作文。二是述评主体内容："述"，即对相关写作话题作描述或陈述，对应于议论文写作时的"论据"；"评"，是对有关对象作恰如其分的点评，包括阐述自己的观点或做相关分析，对应于议论文写作的"论点"或"论证"。三是行文要真实而不大段直接搬用别人的说法，尽可能个性化。

学生利用课上和课下先后两天时间完成了写作任务，后又经"互评交流——

---

① 此课例为校内常态课。

展示交流"环节来完善并展示他们的写作成果。下面是事后遴选的几则学生习作。

【示例一】

扭曲的不是人性，是社会

杨 三

一直不敢接触伦理类的电影、戏剧，怕它们影响我的价值观，怕我承受不起人性中的罪恶、阴暗而变得忧郁。可一次偶然机会，我接触到《雷雨》，当我抛开道德评价，抛开对它们的抵触，去审视每一个负罪、受罪的人时，我醒悟了，扭曲的不是人性，是那个封建的社会啊。

繁漪，一个哀怨、渴望温情的女子，纵使她犯下了大罪——和她继子有不正当的男女关系，但我仍然同情她，她其实是个受罪的人。她从丈夫那里没有得到爱，没有得到温情，没有得到一个妻子应该得到的关怀。相反，她得到的是一份沉重的心理压力。在一个绝对男权社会里，她变得压抑，变得失去理智、精神失常。她太渴望爱了，但却把这份爱的希望寄托在软弱顺从的继子身上，而这个继子却爱着另一个女人。

爱或被爱是由不得人安排的。爱情中的主角却无法明白这一点。这是爱，还是渴望？我相信，在一个封建家庭里，女人的地位已低到无法再低，低到失去了自我，繁漪她没有错，周萍也没有错，抛开他们的家庭关系，他们的爱也只是爱情道路上一个小小的错误罢了。可封建礼教容不下这个错，折磨着他们的内心。

另一个让所有人同情的是四凤，一个年轻、善良、纯真的美丽女子。

可惜，她深爱的，却是自己同母异父的哥哥。

她和她哥哥肌肤相亲，她怀着她哥哥的孩子！

她爱他，可这爱罪大恶极！

假如，他们对此一无所知，或许正幸福着呢！哦，我不敢想，我不能想，这是违背道德的，这已超出了我们承受的底线。四凤逃跑中触电而死，周萍饮弹自杀。一个家庭坠落了，那这个家庭的罪恶呢？哦！不！这些罪恶不是这些人的！他们没有错！渴望爱情没有错，悲哀也没有错！错在这个社会，女人没有男人所拥有的权利和地位，女人只能被男人摆布，女人的坚强换来的却是更深的伤痛！追根溯源，假如侍萍没有被抛弃，这一切又将如何上演？

【示例二】

不能完美的爱

杨敏艺

话剧《雷雨》，饱含人物丰富的内心活动。语言句句暗含剧中人物内心情感。情节曲折而真实，极具感染力，选材贴近现实生活，让人感同身受。

特别是周朴园与鲁侍萍的对话，其纠结难以言喻。侍萍阴差阳错来到周府，在与朴园对话时无意中谈到过去的自己，一开始朴园并无继续话题的意愿，而侍萍却坚持说"说不定，也许记得的"，她知道老爷说的是当初自己被撵之事，却仍旧要求继续话题，可见侍萍心中对朴园还有感情，还抱有一丝希望，也许她更愿听到朴园说他还爱她。正儿八经爱过的人，怎么可能彻底忘却。

其实侍萍是在冒险，她犹豫着要不要让朴园知道她就是侍萍，又希望朴园能自己发现她就是那个"她"。对话内容越来越接近谜底，周朴园多次紧张地问她姓什么，而当他表示希望知道梅侍萍坟地时，鲁侍萍却说"老爷问这些闲事干什么"，一个"闲事"两字可见她对他的抱怨以及委屈。文章还有一个伏笔"'嗯，就在此地。''哦！''老爷，你想见一见她么'"，她已有意与他相认，从这可看出文章的结局必是他俩相认。她所说的"此地"语意足够明显，分明是说自己就是"她"。而当他们谈到梅侍萍改嫁两次时，她的回答中带有解释意味，那句"老爷想帮一帮她么"，可明显看出善良的她内心已动摇，她已些许原谅了他的过错。也许爱情就是这样，就算他对自己做过天大的错事，爱不爱他只取决于你对他的爱到哪种地步。

最后，他们终于相认，可结果却让他们怒气冲天，他的刻薄，她的"不冷静"，都反映出这样一个社会现实：有些事，有些答案，不如就让它永远处于沉睡中。人是需要理智的，而当他们相认后，她也就可以无所顾忌地"抱怨"他以及命运的不公。这些被愤怒冲昏头而说出的话只会带来一个结果：周朴园会劝走她。现实中何尝不是这样，陈奕迅有句歌词："得不到的永远在骚动。"很多东西，知道后，得到后，结果却远不如当初的心碎来得美丽。很多事情都是这样，关键只在于过程，而并不一定要得到。

如果他们不曾相认，是否心中还会保留那份对美好初恋的怀念，那份或许不现实的幻想？很多时候，人与人之间需要的并不是透彻的了解，人生若只如初见，隔着一层模糊的薄膜，是否反而是一种对苦难的救赎？

现实总是那么让人纠结，残缺的美，也许才是真正的完美。

【示例三】

评《雷雨》中的人物周朴园

张廷贵

读完这几则剧本，令我最感兴趣、印象最深刻的便是《雷雨》中的周朴园。

我认为周朴园是个矛盾的个体，他内心深处是十分矛盾、纠结的。

首先，毫无疑问，他是爱鲁侍萍的。许多人都把他当作"始乱终弃"的典型代表，认为他对侍萍也就是像其他影视作品中富家公子对周围女性一样，也就是玩玩而已。但其实不然。一般的"始乱终弃"是那些公子玩完便将那些女子抛诸脑后，而有谁会在三十年后仍念念不忘，谁会将她的生日、生前喜好和习惯仍铭记在心？周朴园曾经到德国留学，并不像一般意义上的纨绔子弟。他属于中国封建地主阶级早期留洋学生，在德国受资产阶级自由、平等思想影响，因此能够破除封建门第观念，大胆爱上地位低下的丫鬟。因此，无论是从思想还是事实依据上看，他对鲁侍萍都是真心的，而非虚情假意。

可是，他却出生在了不合适的年代。侍萍被赶出周家，周朴园是不情愿的。但在"父母之命，媒妁之言"的年代，他却无法阻止。由于当时封建传统势力太强大，民主力量太弱小，周朴园在父母的强硬态度面前屈服了，被迫抛弃所爱，与一个富家小姐结婚了。所以，他虽有一定先进思想，崇尚着自由恋爱，却又缺乏足够的勇气与魄力去打破封建礼教。

正是他内心对自由、独立的向往，与封建势力给予他的压迫使他陷入了两难的矛盾境地。他希望与自己的所爱厮守终生，却不甘放弃当下富贵的生活同侍萍远走高飞。他内心爱、思念着侍萍，与现在的妻子并无感情，可再次见到侍萍时，又不敢抛开枷锁，向她吐露心扉。所以，周朴园就是这样的矛盾复合体。他不完全传统，有一些先进思想，内心崇尚着自由、民主的生活；可他又缺乏魄力与勇气冲破封建思想，甚至逐渐被它侵蚀。

【示例四】

《哈姆莱特》述评

王成柯

由英国戏剧家莎士比亚创作的《哈姆莱特》，讲述了一个发生在丹麦宫廷的故事。王子哈姆莱特的父亲被他的弟弟克劳迪斯毒死，爱情被这个僭主玷污，同时哈姆莱特的皇位也被他夺取。于是，一场充斥着矛盾、阴谋、艰险、软弱爱情的复仇就此展开。王子哈姆莱特装疯卖傻，在经历看无言短剧，刺死爱人父亲，被送英国途中遭暗杀，爱人投河自尽的一系列风波之后，终于在一场暗藏阴谋的宫廷决斗中，哈姆莱特与国王、王后以及雷欧提斯同归于尽。

哈姆莱特是全剧的中心人物，最终却落得悲惨下场。其实质在于他的软弱性格。在失去父亲的沉重阴影下，他丧失了生存下去的信念和希望。当得知杀父仇人后，他没有如正常人般立即采取行动，而是伺机而动。他装疯卖傻，也是他不敢直面仇敌，软弱无能的表现。在最后的决斗中，在已被命运判处死刑时，他才鼓足勇气将涂有毒药的剑刺进仇人的胸膛。

哈姆莱特拥有高贵的思想、睿智的思考、机智的语言，他是莎翁笔下"宇宙的精华，万物的灵长"的不二代表。他对世界、社会、自身的剖析是那么深刻和发人深思。"生存还是毁灭，这是一个问题"成了他在黑暗境遇下的无助呻吟。

有人说，哈姆莱特是全世界人都同情的人物，因为每个人都能从他身上找到自身人性的弱点。每个人生来就被社会各种无形之力所约束，权威、生活、父母、教条等形成的压力无时无刻不影响着人的行动，但人从中又可学到很多东西，这就是莎翁作品的伟大之处。他曾说："给自己照一面镜子，给德性看看自己的面目，给荒唐看看自己的姿态，给时代和社会看看自己的形象和印记。"

【示例五】

哈姆莱特

李　杰

"一千人眼中有一千个哈姆莱特"说明了哈姆莱特性格的复杂性，而屠格涅夫对哈姆莱特的评析："几乎每个人都能在哈姆莱特身上找到他自己的缺点。"也说明哈姆莱特性格的"人性化"，即他不是高高在上的英雄式的完美人物，他也不是被命运玩弄的棋子。随着对他了解的加深，我越发觉得他不仅仅是个复仇而死的丹麦王子。

哈姆莱特时不时会冒出一些高深莫测又莫名其妙的话，这显示了他内心的迷茫与挣扎：生存还是毁灭。联系那个时代背景不难得知，一群新青年正在觉醒，一种新思想正在萌芽，社会正在发生改变，面对即将到来的明天以及苟延残喘的王朝，他们在思考这一问题：生存还是毁灭。

我常想若我是哈姆莱特，会让最后的悲剧发生在我身上吗？在我看来，哈姆莱特过于优柔寡断，没有大魄力，立场也不坚定，如果是我，我不会消极地迎接命运，我会主动出击，毕竟掌握主动权更接近胜利——久守必失。再深想，我若从小生活在那样一个环境，接触同样的人和事，我是否会变得和他一样迷茫？似乎也是必然的，如此我们也就无权责备他的过错了。

《哈姆莱特》为什么会受到全世界人民如此的喜爱呢？我想，不只是由于作者诗一般优美而富有哲理的语言，也不只是吸引人的"王子复仇"情节，更重要的是作者借哈姆莱特让读者看到了那个时代的灵魂。通过哈姆莱特的言行举止，我们能清晰感受得到一种力量在感染着我们，使我们沉迷其中而又深省自己以及世界。

第十章　各类讲座

近十年来，我在不同场合做了数十场讲座。除语文学科专业讲座外，其他学科教学、中华优秀传统文化教育、积极心理学、学科组和工作室建设等方面都有涉及。只是用文字完整记录下来的并不多。

此处遴选了极其有限的几次讲座留下的记录。

"溯源知本，与时俱进——'非连续性文本'和'新闻'阅读教学"，是我受成都市教育科学研究院委托，在"微师培"平台对全市高中语文教师做的培训，意在对高中语文实用类文本教学建立某种序列。"高阶思维之系统思维与语文教学"是在网络平台上对工作室成员做的一次内部培训，主要强化高阶思维教学的薄弱环节，防止把高阶思维窄化为批判性思维，凸显系统思维这一具有我们民族特色的思维方式。"在母语的屋檐下——向〈论语〉学习成语"是为学生做的传统文化专题讲座。

"'同'与'通'——让孩子成长为他们自己"是我在郫都区图书馆为社区居民和他们的孩子做的一次公益讲座，主要针对孩子们成长中的自我认同问题，谈家长的责任。"'道'与'术'——语文高考一轮复习策略"是我受邀去丽江市永胜县为全县高三语文老师做的一次分享，当时先飞至丽江机场，后又坐汽车下四十公里高山、穿越二十多公里时有落石的险峻峡谷，惊险之途的奇妙经历至今记得，而隆冬暖阳下永胜一中古朴校园里我与老师们在高考试题里的真实互动场景也如在昨日。"杜鹃催春，一脉传承"是中共成都市委宣传部主导的以"天府文化"之"创新"为主题、以望丛文化为载体展开的一次教学活动，面对的是郫筒二小四年级的孩子们，他们的可爱笑脸成为我难以忘却的记忆。

第一节　溯源知本，与时俱进
——非连续性文本和新闻阅读教学①

高中语文非连续性文本阅读教学探源

【活动一】厘清"非连续性文本"与"PISA"的概念

问题：师生对"非连续性文本"的概念不清，教师对其阅读教学的价值和内容不明。

对策：明确有关概念和价值，追溯有关源流。

非连续性文本，是相对于叙事性强的"连续性文本"而言的阅读材料，它基本由数据表格、图表和曲线图、图解文字、凭证单、使用说明书、广告、地图、清单、时刻表、目录、索引等组成，具有直观、简明、醒目、概括性强、易于比较等特点。

非连续性文本，源自以 PISA（Program for International Student Assessment）即国际学生评价项目为代表的素养测评。作为由联合国经济合作与发展组织（OECD，Organization for Economic Co-operation and Development）组织实施的一项针对国际性学生学业成就的比较调查项目，PISA 的阅读素养测评认为阅读素养就为了实现个人目的，发挥自己知识和潜力参与社会活动，理解、运用和反映文本的能力。2009 年，PISA 又将其完善为为了实现个人发展目标，增长知识、发挥潜能并参与社会活动，而理解、使用、反思书面文本的能力和对书面阅读活动的参与度。基于这样的理念，PISA 阅读素养测评选用的文本形式分为四种：连续文本、非连续文本、混合文本、多重文本。

连续文本，由句段构成的文本，句子是文本的最小单位，在测评中占比 60%。

非连续文本，不是以句子为最小单位，而是需要不同于连续文本阅读策略的文本，也可看作由表单构成的文本，占比 30%。

混合文本，由连续文本和非连续文本共同构成的单篇文本，占比 5%。

多重文本，由几篇相对独立的文本构成，这些文本可以是连续的，也可以是非连续的，文本与文本之间的关系比较松散，甚至可以互相矛盾，占比 5%。

---

① 此案例为 2018 年成都市"微师培"教学设计。

【活动二】 认识"非连续性文本"分类

说明类非连续性文本，是对内容信息做解释说明，可以从主观角度进行解释，便于理解，也可以客观地用专业术语直接说明，最常见的有框架图、模型图、趋势图、统计数据表等。

叙述类非连续性文本，主要是以事情发展变化为线索，叙述一件事情的发展过程。最为常见的是连环画、漫画故事以及看图说话等。

描述类非连续性文本，往往用来呈现比较复杂的内容信息，可以分为主观性描述和客观性描述两类。前者主要凭主观印象观察，后者则是从客观角度来观察空间信息，并通过图表描述出来，比前者更具权威性。它多是各种各样的图纸，如地图、水文剖面图、操作程序图、军事上的战略态势图等。

论述类非连续性文本，多指选自不同材料的以文字为主的信息组合体，或者说是多重链接文本，这些不同来源的文本可以彼此关联或者独立，也可以相互对立，但其主题或关键词是凝聚的、收敛的，如辩论词、网络跟帖、浏览的网页、菜单列表等。

【活动三】 各学段对"非连续性文本"的掌握要求

小学 5～6 年级课程目标与内容：阅读简单的非连续性文本，能从图文等组合材料中找出有价值的信息。

初中 1～3 年级课程目标与内容：阅读由多种材料组合、较为复杂的非连续性文本，能领会文本的意思，得出有意义的结论。

针对高中阶段的非连续文本阅读与测试，目前的总体情况是：课标未规定，考试已出现，复习缺乏应对之策。

高中语文非连续性文本阅读课程与教学

【活动一】 立足生本，激发兴趣

问题："非连续性文本阅读"教学基础薄弱，缺乏对真实教学资源的引入。

对策：通过指导学生在日常生活中学习非连续性文本，如网络查找资料、搜索感兴趣的作品、网络平台购物等，并在课堂学习中活学活用。

【活动二】 选好文本，开发课程资源

首先，挖掘语文教材资源。人教版普通高中课程标准实验教科书语文 1～5（必修），在单元开始有"导语"，在一些文后有"资料袋"或"阅读链接"，大都以篇或段的形式出现，教师可以根据教学需要，在课前或课后指导学生进

一步搜集更直观的图标、数据等"非连续性文本"资料，组织学生开展学习交流，培养阅读能力。也可以对课文内容进行增补，比如在学习写景类文章时，可以增补相应的思维导图（逻辑框架图、思路结构图）。

其次，整合其他课程资源。实际上学生对"非连续性文本"并不陌生，在其他课程学习中，他们早已有所接触。比如，数学和科学学科文本大都是以图表、文字等相结合的形式出现的，我们也可以对这些文本加以改编，使之成为语文教学的一个有机组成部分。

最后，活用生活资源。生活中，"非连续性文本"应用广泛，这些资源可以被我们充分利用。说明书、旅游导览图、安装图等都是好的训练材料。

【活动三】渗透方法，指导阅读策略

"非连续性文本"和"连续性文本"的呈现方式不同，这也决定了其对应的阅读策略有所区别。我们应在阅读指导中教会学生发现有价值的信息，整合信息，进行简单推论。

发现有价值的信息。在非连续文本中文字和统计图表结合是人们常见的文本形式，阅读图表必须注意的事项为：标题是对整个图表内容的概括，反映了图表的主题；分类，统计图表首先要确定统计的类别；读数据，统计图表以数据或箭头反映问题，阅读时要进行纵向、横向比较，从中得出结论；解析，要重视审读配合图表而出现的解释分析的文字内容，图标和文字结合，它可以帮助我们有效地把握图表所要传达的重要信息。

进行信息整合。说明书是常见的非连续性文本，如何整合上面的信息？我们的回答是，通读知大意，根据需要解决的问题找准条目，在条目中选取信息，针对问题进行整合并回答。

尝试简单推论。在学会提取信息、整合信息的基础上，让学生尝试进行简单推论。

【活动四】评价跟进，检测达标情况

选择典型题目观摩和练习，如 2017 年全国高考Ⅰ、Ⅱ、Ⅲ卷等。

当今时代已进入读图时代、媒体时代，信息大量以碎片状态呈现，如何有效地整合并利用这些信息，无疑将成为网络时代学生的重要能力之一。"非连续性文本"的引入，提出了教学实践的新命题。

高中语文新闻阅读教学

【活动一】认识新媒体背景下的新闻教学

教学中，应强调新闻的真实性、可读性和创新性。

新闻的真实性包括捍卫与辨别两部分。捍卫"真实性"，指新闻中的时间、地点、人物、事件以及原因交代，事件发生的环境、过程细节、人物外貌、数据、典故、背景材料、对事实的解说等要真实可靠。辨别"真实性"，识别假新闻的方法有查网址和注意其转化来源，等等。

新闻的可读性，包括知识性、文学性和趣味性。新闻是座富矿，在突发事件、时政分析、热点透视、人物专题等各项内容中，可以感知有关科技人文、文明风尚和社会进步的知识，即使在辟谣中，也可获取正面的知识，这是新闻的知识性。文学性，指在当今背景下，好的新闻会在简洁明快、平铺直叙基础上，适当地调动文学手段以增强新闻的具体性、生动性和鲜活性。趣味性，一是说内容的新奇曲折、富有情趣，二是说写作形式和表现手法的鲜活生动。

新闻的创新性，包括多媒体化报道新方式、新闻报道的新视野、标题与内容的新结合。多媒体化报道新方式，可将文字与图片、音视频、数据、动（漫）画结合等；新闻报道的新视野，指受众的关注点主要在长篇、深度报道，而不是短小的娱乐八卦；标题方式与内容的新结合，注重优化新闻标题，所谓"看书看皮，读报读题"，告诉我们这种新结合的重要性。

新闻的教学价值有如下几个方面体现：第一，适应社会发展。在现代社会生活中，新闻成为人们获取信息、了解世界的重要渠道，《义务教育语文课程标准（2011年版）》指出，学生要阅读新闻和说明性文章，能把握文章的基本观点，获取主要信息。《普通高中语文课程标准（选修）》把"新闻与传记"列为选修课程，对新闻教学的开展提出了要求。第二，培养语文能力。新闻与小说、散文等一样，可在听、说、读、写中培养语文能力，《普通高中语文课程标准（实验）》强调指出，阅读实用类文本中的新闻，应引导学生注意材料的来源与真实性，事实与观点的关系，基本事件与典型细节，文本的价值取向与实用效果。第三，关注文本自身。审视人教版、苏教版、语文版的高中语文教材和初中语文教材的新闻作品，并非最时新的新闻报道，而是被大家认可的经典事件的典范新闻作品，这是由于这些作品文本本身价值独特——能使人通过快速高效阅读，把握主要信息，对社会信息进行思考、评判。

【活动二】认识新闻的教学内容

明确新闻报道与文学作品的区别。本质上，新闻侧重于"信息"，文学侧重于"艺术"；功能上，新闻侧重于"传播信息"，文学侧重于"提供审美"；选材上，新闻侧重于"以事为主"，文学侧重于"以人为主"；写作过程上，新闻重采访，文学重重构。

了解新闻的基本常识——六要素：何时、何地、何人、何事、何因、何果。

把握消息、通讯、评论、特写等新闻体裁的特点。要特别注意消息、通讯、评论三类基本新闻文体的特点和区别。

欣赏和借鉴新闻作品的语言特色，感受新闻作品的思想内涵，实践和运用新闻知识。

【活动三】依体导学，根据新闻特点进行教学

区分新闻中的基本文体和边缘文体。基本文体：消息、通讯、评论。边缘文体：特写、速写、透视、报告（调查、文学）。设计适合新闻文体的教学问题。围绕新闻文体个性，突出新闻的本体价值。重点关注新闻结构的精妙和语言的精确。

【活动四】与时俱进，探索新媒体新闻教学

明确新媒体新闻的传播特点。传统媒体新闻，其真实性、可靠性以及正面导向，由体制与记者的职业道德来保证。新媒体改变了传统媒体的传播方式，人人均可成为新闻记者，通过一定媒介来传播新闻，同时，受众也能修改、评论并传播别人发布的新闻。面对这些新媒体新闻，已不仅仅是沿用传统教学法就可以奏效的了，还得学会分析新闻的来源和事实的真实性、可靠性，新闻立场态度的正确性与社会影响，以及如何确保客观理性。

注重新媒体新闻的立场态度问题。新闻的本质属性是真实性、客观性。新媒体新闻的基本立场态度应是出于正义，不受权力、利益左右和控制。对新媒体新闻的教学有必要研究和引导学生分析新闻写作者的立场态度。

强调新媒体新闻的言语方式问题。新媒体新闻写作体式、言语方式具有碎片化、数据化、图表化、非连续等特点。新媒体新闻教学要据此展开研究，要将其置于实用类、文学类、论述类等更大视野里展开研究。

第二节　高阶思维之系统思维与语文教学[①]

【活动一】 理解系统思维的概念

系统思维，也叫整体思维，是指运用系统结构进行的思维活动。所谓系统结构，是指对于对象有多视点、多层次、多路径而又有机统一的观察、分析、研究、解释的结构。其核心是利用前人已有的创造性成果进行综合，在这种综合过程中，如果出现前所未有的新奇效果，就意味着出现了更新的创造。因此它是创新发明的基础。同时，它也是"看见整体"的一项修炼，是一种思维框架。系统思维法，是一种将各要素之间点对点的关系整合成系统关系的方法。

【活动二】 认知系统思维的特征

整体性：整体性是系统思维方式的基本出发点，它为人们从整体上观察和分析事物提供了有效方法。

综合性：这是系统思维方式的基本特点。一是任何系统整体都是由这些或那些要素基于特定目的而构成的综合体；二是对任何系统整体的研究，都必须从它的成分、层次、结构、功能、内外联系方式的立体网络等方面作全面而综合的考察。

动态性：现实存在的系统，不论是"第一自然"的各种生态系统，还是人造的"第二自然"的各种系统，都处于永恒变化发展之中，是一个动态系统。

定量化：系统思维方式是一种定性与定量相结合的研究方法，它在分析和综合事物的系统的多因素、多方面联系时，总是尽量采用各种数学语言和数学工具，形成事物的系统结构的数学模型。

最优化：这是系统思维方式认识和处理问题的科学方法论准则之一。所谓最优化，就是从多种可能的途径中，选择最优的系统方案，使系统处于最优状态，达到最优效果。采用最优化思维方法，可以根据需要和可能为系统定量地规定出最优目标，并运用最新技术手段和处理方法把整个系统逐阶分成等级和层次结构，在动态中协调部分和整体的关系，使部分的功能和目标服从系统整体的最佳目标，以达到整体优化的目的，从而为系统提出设计、施工管理、运行的最优方案。

[①]　此案例为工作室网络研修设计。

信息化：它不只是着眼于物质和能量，而且着眼于信息。在任何系统的"三股流"——人流、物流、信息流中，信息流都起支配作用，调节着人流和物流的数量、方向、速度和目标，驾驭人和物做有目的、有规则的运动。

思维模拟化：借助电脑组成的人—机系统，处理越来越复杂、越来越多的信息，从而提高人的思维能力。

【活动三】理解系统思维的功能

从整体上把握事物。系统论的基本思想方法告诉我们：当我们面对一个问题时，必须将问题当作一个系统，从整体出发看待问题，分析系统的内部关联，研究系统、要素、环境三者的相互关系和变动的规律性。

对要素进行优化组合。系统论思维要求人们用系统的眼光从结构和功能角度重新审视多样化的世界，把割裂的世界重新整合，将单个元素和切片放在系统中实现"新的综合"，以实现"整体大于部分的简单总和"的效果。如"田忌赛马"的故事就是其例。

将材料进行综合。综合就是将已有的分析成果按其固有的内在联系有机结合起来，从总体上更全面、更深刻地把握研究对象的本质和规律，创立更全面、更普遍的科学理论。

以人之长补己之短。综合方法要求我们观察事物时，见"木"，更要见"林"，努力从其他事物中寻找该事物不具备的优点，并将两者进行整合，扬长避短，从而最终实现创造。

确定计划后再付诸行动。行动的秘诀，在于把那些庞杂或棘手的任务，分割成一个个简单的小任务，然后从第一个开始下手。

将整体目标分解成小阶段任务。分解，是一种大智慧，不仅能够帮助我们解决心理上的压力，也能帮助我们使棘手的难题高效解决。

利用事物间的关联性解决问题。如《红楼梦》中述说荣国府，面对庞大的人物关系网络，该如何清晰而完美表达，最为重要的就是，厘清人物关系逻辑，由粗到细，分层级建立起人物关系的立体结构。

【活动四】理解系统思维与语文教学的关系

阅读教学中，"核心词"的发现，并围绕核心词来绘制整个文本的思维导图。写作教学中，系统思维可在审题立意中发挥作用，解决"选好角度"的问题。

第三节 "同"与"通"

——让孩子成长为他们自己①

【活动一】导入

问题：孩子刚刚考完试，完全待在家里，自己知道按时作息、按时学习的人有多少？

回应：父母与孩子"零交流"现象引起的思考，追求孩子与父母相"同"而导致的"不通"。故事佐证，如"鱼王的儿子"。

【活动二】目前教育：从相"同"走向相"通"

应试教育：过分注重相"同"。新一轮改革：从相"同"走向相"通"。

【活动三】家庭教育的"通"与"同"

家庭教育该求同的没求"同"，该求通的没求"通"。"通"，即家长与孩子间的双向沟通；"同"，即孩子与自己的自我认同。家长要懂孩子，与他们相通，孩子要自我认同。

建立自我认同，追问"我是谁"。这是青少年期（12～18 岁）的重要任务。

有四种自我认同的状态：

（1）自我认同弥散，这种状态的孩子，没有为探索自我而努力，不知道自己是谁，不知道自己想做什么。他们叛逆、自私、享乐。

（2）自我认同早闭，这种状况的孩子没有自觉寻找自我，没有考虑各种选择，过早将自我意象固定化。他们缺乏主见，易盲从，易改变，无法应对挑战。

（3）自我认同延缓，这种状况的孩子容易产生"我是谁？我将成为一个怎样的人"的疑问，并开始对自我的追问。此时，他们困惑，不稳定，易不满，叛逆，焦虑。

（4）自我认同达成，这种状况的孩子经历自我探索阶段，有了自己的结论和决定，形成了稳定的自我认同标准。他们理性、稳定、悦纳自己、热情投入，心理安全感高。

---

① 此案例为 2019 年郫都区图书馆家庭教育讲座设计。

大多数中学生处在自我认同弥散阶段，迷茫且叛逆。

男孩与女孩在自我认同形成上存在差异，男性对学习、工作和能力等方面更为关注，社会关系则是女性自我认同发展的重要成分。

鼓励和包容更有利于孩子寻找自我。

过分期望不利于孩子寻找自我。

【活动四】 谈谈孩子的"三观"建构和引导

世界观是人们对整个世界的总的看法和根本观点。人生观是指对人生的看法，也就是对于人类生存的目的、价值和意义的看法。价值观是指人们在认识各种具体事物的价值基础上，形成的对事物价值的总的看法和根本观点。

【活动五】 求"同"而求"通"的世界大势

政治经济方面。2018 年，由中共天津市委宣传部、中国中央电视台、天津广播电视台联合出品的革命历史剧《换了人间》所展示的"两大阵营"形成的冷战思维重在求同，零和博弈。而我国提出的"一带一路"倡议则在于求通，互通有无，互利互惠。

文化科技与日常生活方面。1996 年，亨廷顿出版了《文明冲突和世界秩序重建》一书，系统地提出了他的"文明冲突论"。他认为冷战后，世界格局的决定因素在于七大或八大文明，即中华文明、日本文明、印度文明、伊斯兰文明、西方文明、东正教文明、拉美文明，以及还有可能存在的非洲文明。冷战后的世界，冲突的基本根源不再是意识形态，而是文化方面的差异，主宰全球的将是"文明的冲突"。

结语。尼采说，世界上本来没有相同的东西。[1] 莱布尼茨说，找不到两片相同的树叶。[2] 人类单核苷酸多态性的比例约为 1/1250bp，不同人群仅有 140 万个核苷酸差异，人与人之间 99.99％的基因密码是相同的。并且来自不同人种的人比来自同一人种的人在基因上更为相似。在整个基因组序列中，人与人之间的变异仅为万分之一，这说明人类不同"种属"之间并没有本质上的区别。量子纠缠是关于量子力学理论最著名的预测，它描述了两个粒子互相纠缠，即使相距遥远，一个粒子的行为也将会影响另一个粒子的状态。世界上没有完全相同的东西，但不同的东西可以彼此相通。

---

① 转引自张世英著：《哲学导论（第三版）》，北京大学出版社 2002 年版，第 31 页。
② 转引自张世英著：《哲学导论（第三版）》，北京大学出版社 2002 年版，第 31 页。

【活动六】书目推荐

《参与孩子的成长》（薛涌，浙江人民出版社 2013 年版）

《斯宾塞的快乐教育》（赫伯特·斯宾塞，北京联合出版公司 2013 年版）

第四节 "道"与"术"
——语文一轮高考复习策略①

【活动一】引子：一些名言的启示

"In me the tiger, sniffs the rose."译文："心有猛虎，细嗅蔷薇。"②（〔英国〕西格）"我向梦境追寻，又向现实迈进。"（〔德国〕歌德）"大胆假设，小心求证。"（胡适）

我说：想大问题，做小事情。

"道"与"术"："大"与"小"。

"道"、路径（way，road）、智慧，它是以不变应万变的思维策略、思维方式和行为方式等。最大"道"就是对所从事工作的"爱"。

"术"，面对具体问题时，解决问题的具体方法、技巧。

在当下，人们过多关注技术使用以至于出现技术至上的技术主义。所谓"智慧城市"等，其实是"技术城市"。过度依赖技术的直接后果，是缺乏创造性、创新性，消解人的智慧与活力。技术主义表现在语文教学上，就是一味搞题海战术，把语文教学异化为单一的训练与考试，对此外的一切没有兴趣或兴趣不大。语文老师在语文教学和应考上的"道"，就是要让学生坚持到临考都愿意学习语文，甚至热爱语文。

事实上，语文教师有充足的理由让学生做到这一点。第一，从升学分数权重及其分数结构看，语文满分 150 分，占 750 分的 20%。第二，从不同学业水平学生角度看，特优生、优生、中等生、学困生等的语文成绩均应达到相应水准，否则就会出现学科发展失衡的偏科问题，并最终影响学业成绩的整体水平。第三，从学科亲和力看，母语与学生天然亲和。第四，事实证明，得语文者得天下。

---

① 此案例为 2018 年笔者在云南丽江市永胜县中学培训全县教师时的设计。

② 〔英〕西格里夫·萨松著，段冶译：《心有猛虎，细嗅蔷薇：萨松诗选》，上海文化出版社 2019 年版，第 1 页。

【活动二】 "道"：想大问题

"道"之课标、考纲与2018年高考。课标、考纲给出的信息可成为高考出题的方向参考。第一，人教版《普通高中语文课程标准（2017年版）》确立以"立德树人"为根本任务。第二，人教版《普通高中语文课程标准（2017年版）》确立以语言、思维、审美和文化四大要素为语文学科的基本理念。第三，坚持正确的教育宗旨，即正确的"三观"——世界观、人生观、价值观。第四，2018年考纲强调"五个立意"：知识立意，注重积累；能力立意，强化思维；文化立意，关注传统；教学立意，回归课本；热点立意，关心当下。

"道"之必（选）修教材与2018年高考。可通过将人教版普通高中课程实验教科书语文必修教材与普通高中课程标准实验教科书语文选修教材、与五年高考语文真题各板块对照，觉知"教—考"一致性，类推2018年高考与教材的必然联系。

"道"之历年高考真题与2018年高考。分析历年高考真题特别是近三年高考题，预测"稳中有变"中的"稳"与"变"。通过历年高考真题分析，发现常考点、预测冷僻题型。

"道"之历次学生答卷与2018年高考。分析学生历次答卷，发现学生自身存在的弱点，确定针对性练习点。

"道"之现阶段练习与2018年高考。在前面课标、考纲、教材、真题、答卷等五个维度之下审视目前练习有效性和方向性，进一步加强下一步练习的精准度。

"道"之时事、时政与2018年高考。时事、时政是高考复习另一个不可忽视的维度，要开启时事、时政之窗，让学生把书读活。活动形式如课前三分钟、晚间读报时间的"时事分享"。

"道"之积累、训练与2018年高考。积累是输入（"磨刀"），训练是输出（"砍柴"）。积累是根本，坚持积累到临考最后一刻。积累些什么？全方位积累。怎样积累？积累的素材有：必修选修教材，复习资料，历次试卷，各类阅读材料，特别是时文阅读。具体操作办法包括摘录、剪贴、记忆等。

"道"之"读""答"与2018年高考。"读"，具体是读题干、素材、题目、注释、选项和要求，强化"读"的方法，即指读、勾画等，最为重要的是建构模型。"答"，可细分为选择题、基础主观题、作文的"答"，在此基础上还可再分为各类子题型、小题的"答"，分出类型，区别对待，各个击破。

"道"之阅读、写作与2018年高考。阅读与写作是高考试题的两大板块，对二者之间的关系，特别是与历次真题、仿真题中阅读与写作之间内在逻辑的研究值得重视。

"道"之教师、学生与 2018 年高考。在一轮复习中，语文教师与学生总体是教师主导、学生主体的关系，但一轮结束后教师要从"把手"到"松手"，逐步让学生学会自我复盘、自我整理、自我修补与完善。

【活动三】"术"——做小事情（以四川省绵阳市 2018 年二诊语文题为例）

分八个研修小组完成下列板块，各板块具体操作要求是：

论述类文本阅读。"读"：在阅读时注重核心词（句）、关键词（句）的勾画与串联，建立文章的整体逻辑框架，为下一步答题概览定位做准备。

"答"：注意各选项与原文相关区域内容、信息源的精准比对。

文学类文本阅读。"读"：注意核心词（句）、关键词（句）的勾画与串联，建立文章的整体逻辑框架，为下一步答题做准备。同时要注意散文或小说的题目是否有象征和隐喻意义，如果有，要结合现实和相关储备由表及里读懂文章。散文如果有文眼，要特别关注，它可以帮助我们便捷读懂文章。

"答"：主观题是我们关注的重点。主要注意的问题有：常规题型要按照有关模型找准角度答题，随文命题要紧贴原文思考并拟点答题，不论哪类题型都要紧扣原文思考、持之有故。同时，表述时注意逻辑分点，即按照一定逻辑线分出表述先后。还要特别注意学会用"关键词＋解说分析"的语言模型进行表述。

实用类文本阅读。"读"：除与论述类、文学类基本技巧一致的核心词句勾画以及建立整体逻辑框架外，实用类文本阅读还有"原理＋案例""原理＋运用""原理＋功能＋意义（价值）""主体＋……"等模型，在有所把握的情况下，可以帮助我们快速、精准读懂文章。

"答"：客观题与论述类大同小异。主观题与文学类要求大同小异。一般而言，难度值更低。需要特别提醒的是，实用类的主观题在回答时要就科普文、非连续文本、新闻访谈、人物传记等做一定区分，从而使答题更加精准，比如科普文的考查，就很可能会从"科学精神"角度设题，答题时如果心领神会则更好。

文言文阅读。"读"：按照传记类和论述类分而治之，前者用"阶段故事"串联传主事迹，后者则由"核心观点—分论点"建立阅读框架。

"答"：客观题与论述类大同小异，即找准区域，细致比对等，这与其他板块选择题答题要领一致，只是文言文对调动个人知识储备的要求更高、更多。

翻译题更是要考查综合素质和能力，技术性的要求主要是"描点"——对准给分点（实虚词，句式，揣摩语气、逻辑、情感等）和对译——对应直译。

古代诗歌阅读。"读"：按照诗歌文本模型——"情景二分型""情景交融型""情景兼容型"迅速读懂。

"答"：与文学类文本大同小异。

名篇名句默写。"积累+……"是其基本应对模型。"积累"，即对各名篇名句精准理解，熟记于心；"+……"，即以扎实"积累"之"不变"，应对练习、考试甚至阅读、写作之不同场合应用之"万变"。

语言文字运用。"读"：与基础各板块篇章文本、非连续文本大同小异，只是在此为文段、语段，严格讲，难度更低一些。

"答"：客观题与主观题答题，与基础各板块篇章文本、非连续文本大同小异，只是要有针对性地储备各类题型的必备知识，比如填句题中需要的逻辑知识和语法知识，下定义题型必备的属概念、种概念等知识。

写作。"读"：与基础部分阅读题并无二致，此外，还要特别善于抓住写作题文字材料或图形材料中的核心信息与相关信息之间的关联，建立起"核心词概念+关键词"形成的逻辑图或概念图，如果作文题目是形象化言语表达，还得将它转换成直白的概念意义。

"答"：用"是什么—为什么—怎么办""正—反—合""古—今—中—外""归纳—演绎""时空—因果"等基本思维策略、思维工具辅助，可以快速而高效解决高考作文写作中的重点和难点问题。

第五节　杜鹃催春，一脉传承
——"天府文化"主题课①

一、教学主题

创造创新。

---

① 此案例为笔者于2016年参加中共成都市委宣传部主办的"天府文化"22堂主题课之一（郫筒二小站）所做的教学设计。

二、授课大纲

【活动一】 导入

杜鹃鸣声（音频），杜鹃鸟、杜鹃花、杜鹃牌豆瓣、杜鹃公园、鹃城（视频）。

【活动二】 讲"杜鹃催春"故事

【故事一】 望帝啼鹃：功在田畴。

古蜀国原本在高高的岷山之上，古蜀国的先民上山狩猎，下河捕鱼，每天上上下下，爬坡下坎，十分辛苦。隆冬季节，飞雪漫天，野兽都在洞里躲起来了，江河结冰，鱼儿都在石缝里藏起来了，打不到猎物，捕不到鱼，先民食不果腹，忍饥挨饿，年老体弱有病的，往往在寒风中奄奄一息……

古蜀国经过蚕丛、柏灌氏、鱼凫氏统治下的三个时代，这三位首领工作很努力，但都没能解决人们的温饱问题。

到了第四位首领杜宇，他把国都搬到了汶山下并且建立了一个都城，就叫郫邑（即现在的郫都区）。杜宇把古蜀所擅长的养蚕技术教给当地人，又带领大伙儿开垦荒地，种植庄稼，叮嘱大家遵照农时耕种。这样，大家过上了不愁吃不愁穿的好日子。因为有农业支撑，杜宇氏的王国逐步富强，领土不断扩张，版图逐渐扩大，北到汉中，南至云南贵州，西达岷山，东与巴国相连，杜宇氏所领导的部族也逐渐壮大起来。老百姓认为蜀国富强，杜宇功高德厚，不再满足于前三任君王的称呼，按照历史上三皇五帝的说法，把蜀国改称为大蜀帝国，杜宇则叫蜀国大帝，也称望帝。

农耕文化最要命的缺点是靠天吃饭。若风调雨顺，春种秋收，五谷丰登，大家可以安康度日，但遇到旱涝灾荒，就会春种夏灾，颗粒无收，以郫都为中心的古蜀国平原上，虽然沃野平畴，但春有干旱，夏有洪涝，两种天灾总是轮番折磨着杜宇氏的子民……

于是，望帝发出告示，招募能治水患的能人，荆楚人鳖灵承担这一任务并且成功完成了，望帝就把帝位禅让给了他。

退位后的望帝住进了西山，可他心里仍然挂念蜀国的子民。时常担心有人忘了播种，担心有人农忙时偷懒。于是，在他去世后，幻化为一只杜鹃鸟，每到春末夏初，就飞到田间地头提醒大家"快快布谷！快快布谷！"蜀国百姓听到杜鹃鸟叫声，就赶紧拿起农具去耕种了……

就这样，杜鹃鸟不停地啼叫，直到嘴角留下了滴滴鲜血，鲜血滴到了一朵朵白色的花上，花儿就变得和鲜血一样红了。人们把这种花儿叫作"杜鹃花"。

后来，蜀国人就把杜鹃鸟叫作"催工雀儿"，民间也流传下了"望帝啼鹃""杜鹃啼血"的美丽传说。

望帝勇敢地带领部族迁移，更为重要的是他开创了成都平原的农业文明，为天府之国的诞生奠定了坚实的基础。

【提问】从这个故事里，你觉得望帝是怎样一个人？从他身上我们能学到什么？

【故事二】丛帝导江：天府先驱。

前面故事里，我们说到古老的成都平原春旱夏涝。望帝杜宇晚年时期，岷江在夏季更是常常暴发洪水，成都平原的老百姓深受其害，望帝看在眼里，愁在心里，想方设法治理水患，但效果都不理想，于是命人在宫墙外张贴告示，招募能人治水，荆楚人鳖灵前来应征并承担了这一任务。

望帝问鳖灵：你准备如何治水？鳖灵说：我来到蜀国，看到有水的地方洪水泛滥，无水的地方连年大旱，为何不用盈余的水来浇灌久旱的土地呢？

望帝一听自然开心。心想：这不正是先前我所想的而没做到的吗？

不过，望帝仍有担心，他对鳖灵说：你的想法好是好，可是引流的事有麻烦呀，口子开大了，洪水就会泛滥；继续围堵呢，水又流不出去。

鳖灵回答说，郫江（不是一条河）的入水口现在开在泥土松软的地方，洪水一来，这个口子就会越冲越大，但如果重新在有山石的地方开一个入水口，阻力大，洪水就不会猛冲进来。

望帝听完连连点头，任命鳖灵为国相，挑选了一批青壮年跟随他去治水。

后来，鳖灵在玉垒山开辟了一条新河道，引一部分洪水向下游流去。同时，又在成都平原开了许多新河道，将河水引到其他地方去。据说他还开辟了金堂峡。新河道不仅消除了水患，还方便了灌溉，于是人们开垦了许多荒地种庄稼，日子过得既安稳又富足。

望帝见鳖灵治水有功，老百姓拥戴他，于是就将帝位禅让给了他，自己退隐西山，而鳖灵就成为新蜀王，被称为丛帝。

丛帝死后，葬在今天郫都区城南。人们纪念为了他，修建了丛帝祠。南朝齐明帝时，人们又把望帝陵从都江堰迁至郫都区丛帝祠处，二者合称望丛祠。

公元前4世纪，鳖灵的后代从郫邑迁都到今天的成都，称为开明王朝，在这里建筑城池，"一年成聚，二年成邑，三年成都"，成都的名称就来源于此。

丛帝的功劳在于创造性地治理水患，使成都平原成为"水旱从人"的地方。

【讨论】丛帝作为"天府先驱"，我们说他"创造性地治理水患"，你怎样理解这个"创造性"？这对我们有什么启示？

【故事三】西道孔子：扬雄，"百科全书"式奇才。

望帝和丛帝的故事记载于《蜀王本纪》，它的作者是被汉代人称为"西道孔子"的郫都人——扬雄。扬雄（公元前53年—18年），字子云，西汉末年著名的思想家、文学家、文字学家和历史学家。事实上，他的学术成就涉及各个领域，可以说是一位"百科全书"式的奇才。

他与司马相如、班固、张衡并列，为"汉赋四大家"之一，四人有"扬马班张"之称。他年轻时写成《反离骚》，展现了其爱国情怀与豁达人生观。

扬雄自幼口吃，不善言辞，喜欢读书和思考，不把读书当作追求名利的手段。

38岁前，扬雄在家乡郫邑和周边以教书为业。大约40岁时，扬雄来到长安，希望一展抱负。汉成帝读了他的作品，认为其有司马相如的文风。他为汉成帝写了四赋——《甘泉赋》《河东赋》《校猎赋》《长杨赋》，在这些赋里，他学习司马相如的手法，一方面对汉成帝的功业进行歌颂，另一方面又对汉成帝穷奢极欲的作风进行规劝。

此外，扬雄还写了《蜀都赋》，对四川的地理特征、经济状况、城市面貌、烹饪技术、饮食习惯等作了系统描述。

后来扬雄做了黄门郎。利用职务便利，他花了整整27年时间，编撰了世界第一部方言词典《方言》，开创了语言学史上研究方言的先河。

晚年的扬雄专心学术，先后仿《周易》作《太玄》，仿《论语》作《法言》。

扬雄71岁时，在长安去世。消息传来，家乡人民都很悲痛，在扬雄老家为他建了一座衣冠冢来纪念这位杰出的"老乡"。

2017年，扬雄入选首批十位四川省历史文化名人。

扬雄在国际国内学术史上做了系列开创性工作，为人文天府、天府文化奠定了基础。

【提问】你所知道的现当代在国内、国际有影响力的郫都（成都）文化人有哪些？对他们的贡献你有哪些了解？

【活动三】总结

作为天府文化的开拓者、先驱者和奠基人，望帝杜宇、丛帝鳖灵和西道孔子扬雄，他们身上所有的共同品质是开拓创新，这一优良品质在历代天府子孙血脉里得以流淌，使其创造出丰富无比的物质文化和精神文化产品，作为后继者，我们要继续让这一品质发扬光大，使之永远流传！

第六节　在母语的屋檐下
——向《论语》学习成语①

【活动一】引子

在母语的屋檐下，

我们诞生和成长，爱恋和梦想。

在母语的荫庇中，

我们的生命绵延，幸福闪亮。

【活动二】《论语》成语所体现的幸福"六要素"

智慧，如告往知来、因材施教、温故知新、多闻阙疑、知之为知之、一以贯之等。

勇气，如见义勇为、朝闻夕死、不耻下问、从井救人、不改其乐、勇者不惧等。

仁爱，如立人达人、己所不欲勿施于人、成人之美等。

正义，如举直错枉、见贤思齐、杀身成仁、群而不党、直道而行、当仁不让等。

节制，如临事而惧、犯而不校、思不出位、不在其位不谋其政、克己复礼、欲速不达、和而不同等。

超越，如尽善尽美、学而不厌、饭蔬饮水、富贵浮云、乐以忘忧、岁不我与等。②

---

① 此课例为校内第二选修常态课设计。

② 所引成语均以钱穆著《论语新解》为依据。

【活动三】《论语》成语所体现的人文思维特征

区分人文思维与科学思维。

人文思维，以人或人事为出发点思考问题的思维方式。其主要特征是：动态性、整体性、联系性、随性机、综合性和个性化等。

科学思维，以静态对象或具体事物为出发点思考问题的思维方式。其主要特征是：静态性、局部性、分离性、固定性、分析性和同一化等。

理解《论语》成语所体现的人文思维特征。

动态性，如来者可追、人无远虑必有近忧、循序渐进、驷不及舌、过犹不及等。

整体性，如小德出入、一以贯之、下学上达、一匡天下、一言兴邦（一言丧邦）等。

联系性，如学而优则仕、惠而不费、小不忍则乱大谋、工欲善其事必先利其器等。

随性机，如无可无不可、见危致命、求志达道、既来之则安之、善贾而沽等。

综合性，如学无常师、不以言废人（以言废人）、欲速不达、有勇知方等。

个性化，如磨而不磷（不磷不缁）、当仁不让、有教无类、道不相谋、言必有中等。[①]

【活动四】《论语》成语的现实价值思考

思考一：成人（人格塑造价值）

心理人格，个体知、情、意的和谐。

道德人格，人与人之间关系的和谐。

审美人格，超越实际功利关系，与个体自身、他人、社会以及整个世界相通。

思考二：成才（语言习得）

耳熟能详的成语。

较为陌生的成语。

---

① 所引成语均以钱穆著《论语新解》为依据。

第十一章　其他实操

除前面罗列的教学设计、学案设计、教学实录、教学手记、各类讲座之外，我们还开展了语文学科教学以外的其他专业活动，留下了少许文字设计方案和活动总结，这里呈现的就是其中的代表性案例。

《想象力和思辨力互动融合开发——"诗歌教学内容的时空逻辑组元"培训总结》是承担成都市高中语文精品课程菜单培训后的总结。十多年来我们承担这类工作有九次之多，之所以选择这次培训总结，原因在于它很好地体现了"想象力和思辨力互动融合开发"的思想，且"时空逻辑组元"又切中了人类思维"时间、空间与因果"① 的三大基本模型中之二，值得一记。

《选修课〈语文的思维乐趣〉活动方案》是我为自己所在年级学生开设的第二选修课设计的方案。早在 2006 年前后为初中毕业学生升入高中搞"衔接教学"时，我就有了一些探索，及至为年级学生开第二选修课时，明确锚定"思维"二字，融技能培训和趣味获得于一体，这是我对语文教育一以贯之的考量。

第一节　想象力和思辨力互动融合开发
——"诗歌教学内容的时空逻辑组元"培训总结

2014 年 10 月 15 日，我工作室在四川省成都市郫都区第一中学开展了本年度的以"基于文体特征的高中语文教材内容的逻辑组元"为主题的成都市高中语文精品课程菜单培训之第一单元培训——诗歌教学内容的时空逻辑组元。

活动由两部分组成：第一部分，先由工作室成员汪建伟执教专题研讨课——想象力的激发与培养，之后是讨论交流。第二部分，由我主讲专题——

---

① 史蒂芬·平克著，张旭红、梅德明译：《思想本质：语言是洞察人类天性之窗》，浙江人民出版社 2015 年版，第 181 页。

诗歌鉴赏中开发想象力的时空逻辑组元。

整个活动，让我们获得如下认识和收获：

一是时空组元，包括文本内的重组和文本之间的整合。我的讲座以杜甫的《马嵬》为例，打破原文本的语句，于时间和空间两大轴线重新组接，借以调动学生的想象力；而汪建伟的诗歌教学课，则以语文出版社出版的《普通高中课程标准实验教科书　语文（选修）唐宋诗词鉴赏》中张九龄的《望月怀远》为核心，连缀起人教版《普通高中课程标准实验教科书　语文（必修）》教材的《沁园春·长沙》《再别康桥》和《短歌行》等十六首诗歌中的诗句，时空是串联它们的"红线"。

二是以想象力开发作为教学的核心内容和目标。从汪老师的课题中我们能自然感知到，想象力开发始终是这堂课聚焦的目标。事实上，在整个行课过程中教师都在带领学生展开想象，可见它始终是活动的主旋律。

三是想象力和思辨力的互动和融合开发。显而易见的是，我们虽然把行课的教学目标指向想象力的开发，但这种开发始终是循着时间和空间轨道推进的，时间和空间成为开发想象力的路径和策略。互动交流时，就有人提出，时间和空间的逻辑线条在活动中处于何种地位？我们的回答很明确，时间和空间作为开发想象力的路径和策略，其本身也成为教学的目标，只不过是次之于想象力开发的目标。在这里，我们再次实现了二者的联合或融合开发——这也再一次证明了课题预先设定的价值。

四是用时空组元来实现教学内容的整合。时空是人的最基本逻辑观念。因此，它自然成为我们整合教学内容的一种教学策略。在汪老师的课堂上，时空逻辑是他由选修课文《望月怀远》向必修课文若干片段延伸的基本框架。当然，除时空组元方式外，其他组元方式，如情景模型、主体对象模型等，也可再作探讨。

五是"四化"，即活动化、生活化、艺术化、游戏化，是实现教学目标、完成教学任务的路径和方法。多年来我们一直零散地开展"四化"的教学尝试，真正把这几个"化"联系起来思考则是近段时间的事。活动化是育人和教学的基本方式，主要指学生的思维活动化。生活化是增强感受性的必然选择，它切合语文教学的本质，因为语文教学的外延与生活相等。艺术化，对应汉语文本的独特"福利"，主要包括文本与绘画、音乐、建筑、电影、戏剧等的打通。游戏化，对应满足人天性的幸福教育，最值得探究。

汪老师的课充分体现了活动化和游戏化，如"创造美、想象写作"的"从时间和空间角度发挥想象，让一张纸'活起来'"，而我的文本内组合、谋求与电影"蒙太奇"打通，则体现了向"艺术化"方向迈进的努力。

总之，通过这次培训，我们真切尝试到了想象力与思辨力融合开发的妙处。

第二节 语文思维的乐趣
——第二选修课活动方案①

一、目的及意义

就像我们都有母亲一样，每个人都有一个与生俱来的、文化身份上的妈妈。她，就是我们的母语——汉语。但是，不少同学对汉语这个"妈妈"并不亲近。

问题在哪儿？不在于语文课本身，也不在同学身上。历史上，语文教育偏离本位等种种因素的叠加，损害了语文的姣好面容，败坏了不少学生的胃口。

让我们一起来还原汉语母亲的真实样貌吧。从思维入手，从想象和思辨进入，上九天揽清风明月，入沧海看洪波涌动，其乐融融，是语文；洒潘江、倾陆海，手之舞之足之蹈之，是语文；与柏拉图、苏轼会面，与钱锺书、林语堂交谈，淡定从容，是语文；在《红楼梦》浩繁的人物关系网络里、在《约翰·克里斯多夫》的宏大叙事结构中，感受思维严谨与缜密，还是语文……

一句话，语文属于每一个人。她既是生活的，也是艺术的，灵动而坚实。学习语文，让我们智慧而完美，丰富而深刻，让我们每一个人找到乐趣和幸福！

二、内容简介

围绕"想象"与"思辨"两大主线，主要从文学文体——诗歌、散文、小说等体裁入手，选取除课本以外的古今中外经典作家的经典作品，同时注意选取当下流行文学中的精品，包括青春系列、网络作品等，作为教学素材开展教学。

教学中，一方面涵养性情，提高修养；另一方面教授阅读和写作的实际操

---

① 此课例为校内第二选修课常态课。

作技巧，让学生落实到学习和应试的实战层面，真正做到"脚踩两只船""两手都硬"——涵养素质和提升应试能力"双赢"。

三、特点与创新

突破语文教学常规套路，从特定的"思维"角度切入，线条清晰，一以贯之。

教学素材选取，注意与学生课内学习内容的呼应和补充，即力求不与课内素材重合，主要选取必修与选修课文以外的经典与时文，即使涉及课内素材，也要换个角度作"另类"解读。

教学方法个性化。用已成熟并逐步完善的教学技巧和灵活多变的程序展开教学。

目标高远。本课程旨在涵养学生性情，提升学业成绩，并最终实现人格建构和学业成功的"双丰收"。

四、活动设计：语文思维快铁的"双轨"

【活动一】开场白——在座各位有谁乘坐过快铁、地铁？
学生甲：我坐过快铁，太快了！
学生乙：我坐过地铁，也很快。
我问，地铁除了快，你们看得见沿途的风景吗？学生都说看不见。我于是告诉大家：今天我带大家乘上语文思维的"快铁"，虽然它也快，却可以看见大家以前忽略的风景。

我拿起手中的 2010 年 12 月《读者》杂志，封面上是一幅梅花鹿的图片，母鹿正舔舐着小鹿头顶，母子的眼神一片安详……背景是汪蓝的天和朵朵白云……
我问：大家在封面上看到了什么？
学生甲：有母鹿和小鹿。
学生乙：还有蓝天，母鹿和小鹿显得很幸福。
学生丙：这幅图是说母爱的伟大与美好。
我接着说：是的，表面看是母鹿和小鹿，但进一步看是说母爱，是说包括任何一切在内的涉及母子、血缘的纯净和美好。我们发现，有一幅图我们可以由表及里想到很多，进而读出趣味。我告诉大家，读文更有趣味！

190

我们一起读《诗经》中的《卫风·硕人》和《登徒子好色赋》。

硕人（《诗经·卫风》）（节选）①

手如柔荑，肤如凝脂，领如蝤蛴，齿如瓠犀，螓首蛾眉。巧笑倩兮，美目盼兮。

登徒子好色赋（节选）

宋 玉②

东家之子，增之一分则太长，减之一分则太短。著粉则太白，施朱则太赤。眉如翠羽，肌如白雪。腰如束素，齿如含贝。嫣然一笑，惑阳城，迷下蔡。然此女登墙窥臣三年，至今未许也。

我稍做语言梳理后，又和学生一起在头脑中想象勾勒两位古代"美女"的形象……

我提问：无论读图还是读文，我们靠什么欣赏到其中的美？

学生说：想象。

我说：是的，我们思维快铁的轨道之一便是"想象"。

【活动二】学生自主比较下面三个作者的诗句优劣，说明理由

窗里人将老，门前树已秋。

（韦应物《淮上遇洛阳李主簿》）

树初黄叶日，人欲白头时。

（白居易《途中感秋》）

雨中黄叶树，灯下白头人。

（司空曙《喜外弟卢纶见宿》）

地球是蓝色，像只橘子。

（［法国］保罗·艾吕雅《大地蓝得像只橙子》）

学生甲：韦苏州的好，一个"秋"写出了树叶的衰落、老气横秋。

学生乙：司空曙的好，"雨中黄叶树，灯下白头人"前后构成本体和喻体关系，写出了白头老人的穷愁潦倒。

---

① 程俊英著：《诗经译注》，上海古籍出版社1985年版，第103页。
② ［梁］萧统编，［唐］李善注：《文选》，中华书局1977年版，第269页。

【活动三】学生欣赏现代诗

> 别加糖
> 在早晨的篱笆上
> 有一枚甜甜的
> 红太阳

（顾城《安慰》）

【活动四】寻找散文中的趣味

秋 夜（节选）[①]
鲁 迅

在我的后园，可以看见墙外有两株树，一株是枣树，还有一株也是枣树。

这上面的夜的天空，奇怪而高，我生平没有见过这样的奇怪而高的天空。他仿佛要离开人间而去，使人们仰面不再看见。然而现在却非常之蓝，闪闪地眨着几十个星星的眼，冷眼。他的口角上现出微笑，似乎自以为大有深意，而将繁霜洒在我的园里的野花草上。

月 夜[②]
沈尹默

> 霜风呼呼地吹着，
> 月光朗朗地照着。
> 我和一株顶高的树并排立着，
> 却没有靠着。

【活动五】阅读小说，其乐无穷

塞万提斯《堂吉·诃德》中"桑丘断案"一节。

【活动展望】

语文思维快铁的站点有：快乐"老家"—大脑，快乐大本营—诗歌，快乐驿站—散文、小说、戏剧等。

---

① 鲁迅著：《鲁迅全集（第二卷）》，人民文学出版社 2005 年版，第 166 页。
② 转引自陈平原著：《新青年文选》，贵州教育出版社 2003 年版，第 283 页。

参考文献

安小兰，2007. 荀子 [M]. 北京：中华书局.

奥斯本 AF，1987. 创造性想象 [M]. 王利明，盖莲香，王亚秋，译. 广州：广东人民出版社.

陈鼓应，1983. 庄子今注今译 [M]. 北京：中华书局.

陈鼓应，2020. 老子今注今译 [M]. 北京：商务印书馆.

程俊英，1985. 诗经译注 [M]. 上海：上海古籍出版社.

方勇，2011. 墨子 [M]. 北京：中华书局.

方勇，李波，2011. 荀子 [M]. 北京：中华书局.

歌德，2013. 浮士德 [M]. 郭沫若，译. 合肥：安徽人民出版社.

管仲，1995. 管子 [M]. 北京：北京燕山出版社.

郭丹，程小青，李彬源，2012. 左传 [M]. 北京：中华书局.

郭绍虞，2012. 中国文学批评史 [M]. 北京：商务印书馆.

海德格尔，2000. 荷尔德林诗的阐释 [M]. 孙周兴，译. 北京：商务印书馆.

海德格尔，2014. 形而上学导论 [M]. 熊伟，王庆节，译. 北京：商务印书馆.

韩敬，2012. 法言 [M]. 北京：中华书局.

何克抗，2000. 创造性思维论——DC 模型的建构与论证 [M]. 北京：北京师范大学出版社.

胡平生，陈美兰，2007. 孝经礼记 [M]. 北京：中华书局.

黄寿祺，梅桐生，1984. 楚辞全译 [M]. 贵阳：贵州人民出版社.

金开诚，1999. 文艺心理学概论 [M]. 北京：北京大学出版社.

鲁迅，2005. 鲁迅全集：第 1 卷 [M]. 北京：人民文学出版社.

鲁迅，2005. 鲁迅全集：第 2 卷 [M]. 北京：人民文学出版社.

马正平，2002. 高等写作思维训练教程 [M]. 北京：中国人民大学出版社.

帕尔默，2014. 教学勇气 [M]. 吴国珍，译. 上海：华东师范大学出版社.

钱穆，2002. 论语新解 [M]. 北京：生活·读书·新知三联书店.

人民教育出版社，课程教材研究所，中学语文课程教材研究开发中心，等，2006．普通高中课程标准实验教科书　语文2（必修）［M］．北京：人民教育出版社．

人民教育出版社，课程教材研究所，中学语文课程教材研究开发中心，等，2006．普通高中课程标准实验教科书　语文4（必修）［M］．北京：人民教育出版社．

人民教育出版社，课程教材研究所，中学语文课程教材研究开发中心，等，2006．普通高中课程标准实验教科书　语文5（必修）［M］．北京：人民教育出版社．

人民教育出版社，课程教材研究所，中学语文课程教材研究开发中心，等，2007．普通高中课程标准实验教科书　语文1（必修）［M］．北京：人民教育出版社．

人民教育出版社，课程教材研究所，中学语文课程教材研究开发中心，等，2007．普通高中课程标准实验教科书　语文3（必修）［M］．北京：人民教育出版社．

塞利格曼，2010．真实的幸福［M］．洪兰，译．沈阳：万卷出版公司．

舍恩伯格，库克耶，德维西库，2022．框架思维［M］．唐根金，译．北京：中信出版集团．

盛洪，2022．理解夏杂：升维和降维［J］．随笔（6）：26－35．

司马迁，1959．史记［M］．裴骃，集解．司马贞，索引．张节，正义．北京：中华书局．

王弼，2011．周易注［M］．北京：中华书局．

王国轩，2006．大学·中庸［M］．北京：中华书局．

王世舜，王翠叶，2012．尚书［M］．北京：中华书局．

萧统，李善，1977．文选［M］．北京：中华书局．

许慎，1963．说文解字［M］．北京：中华书局．

燕国材，2002．智力因素与学习［M］．北京：教育科学出版社．

杨伯峻，1960．孟子译注［M］．北京：中华书局．

杨天才，2011．周易［M］．北京：中华书局．

杨宪金，1998．毛泽东真迹手书［M］．北京：西苑出版社．

于漪，2018．有点新思考新作为［J］．语文学习（1）：4－7．

张世英，2002．哲学导论［M］．3版．北京：北京大学出版社．

中华书局校刊，2020．十三经注疏［M］．北京：中华书局．

中央广播电视大学文学教研室古代文学组，1987．中国古代文学作品选 ［M］．
北京：北京大学出版社．

钟基，李先银，王身钢，2009．古文观止 ［M］．上海：上海书店．

朱光潜，2004．诗论 ［M］．桂林：广西师范大学出版社．

后　记

自 1981 年 8 月至今，我从事教育工作已足足四十三年。先从事小学（两年）和初中教育（两年），之后则是近四十年的高中教育生涯。任职学校始自乡村"戴帽初中"（小学＋初中），又从农村完全中学到城市中学，再由小城市中学到大城市中学，工作职务主要是语文教师兼班主任，前后兼任学校团委书记、教务主任、语文教研组组长、名师工作室领衔人等职务。

我之所以劳神费力出版这么一本书，并不是刻意要"立言"。书中文字大都是过去工作间隙里留下来而并未公开发表的，决意成书后，我所做的事只是整理而已——整理片断文字记录，梳理教育教学观念，而梳理过去的职业印迹，既是对过往的小结，也为接下来的生活"留底"，待他日回望，明白自己的人生是否白过。

上编"工于思"里，沿着"思路—诗（人）—想象—思维—儒道"的逻辑线，较为粗略而连贯地表述我的教育教学思考及观点。下编"笃于行"中，则按照"设计—实录—手记—讲座—其他实操"体例，串联起零零星星的教育教学案例。上下编相合，可以发现中小学教师的所谓"工作"或美其名曰"研究"，就是解决学生的实际问题，就是在一定学理指导下解决课堂里的难题，之后有了新的思考，又返回课堂，解决学生中层出不穷的新问题，循环往复而又天天新太阳。

不论是"思"的部分，还是"行"的内容，我都主要是对过去留下的文字梳理整合而无太多增补，由此呈现出彼时教育教学实际样貌，表述的逻辑性和节奏感不足在所难免。班主任工作方面我投入很多、感悟切深，而书中几乎未涉及。

细心的读者还会发现，我对四十三年教育生涯的前二十年言之甚少，限于时间和精力，这一缺欠只好待日后弥补了。

对于过往职业生涯，我能确信自己是诚实投入的。"迂执，孤寂，无聊"是我入职初写在日记本扉页的三个词，这似乎是对我自己个性缺陷的反思，从正面理解就是，自己决意选择专注于众人都不看好的事并一条道走到黑。最初我的确羞于当中小学老师，三十五岁前后还想过"改行"，在阆中市峰占乡中、文成中学时，学校领导说我投入 30％的精力就可把工作干得很好，所带的班级可以脱离管理视线照常运转。在郫都一中工作的二十多年里，面对超大班额、超大工作量，虽常常多项工作难以兼顾，但我选择了迎难而上，行胜于言，全身心投入并干出业绩。

对于过往职业生涯，我还能确信自己一直在努力思考并获取智慧。书中所述我的学科教学研究历程是我个人成果的一方面，其实更多的成果表现在育人方面。比如"谈爱情，不谈恋爱"，是我不回避高中学生的异性情感问题所提出的口号，我甚至在课堂上还深入分析这一问题，而相机引导学生理智对待、把握分寸才是我的目的。再比如自 2013 年后，我所带班级和所任课班级有明显心理偏差的孩子届届皆有，我没有简单化处理——直接把他们交回家庭、交给学校，而是耐心溯源，用时陪伴，或利用学科教学之便给予纾解，或与之共读哲学、心理书籍，在我的帮助和影响下，孩子们得以继续学业、乐观生活。

对于过往职业生涯，我还能确信自己在尽力寻找趣味与快意。《诗与思》是以我名字命名的工作室内刊名，其实它还是我的语文学科教学方法论，更是我对生活境界的追求。尽管在我的工作和生活里，时不时"思"会大于"诗"，但是追求二者的融合和平衡，是我一以贯之努力践行的。

本书成稿之际，我要特别感谢在四十余年职业生涯中，关心、支持、扶助、指导我的众多人士。他们包括已故的王义超先生、万光志先生，四川师范大学我的教育硕士导师马正平先生、唐代兴先生，四川省教育科学研究院段增勇先生、何立新先生，成都市教育科学研究院程一凡先生、罗晓晖先生、何纠立先生、王秉蓉女士、袁文女士、薛涓女士等，郫都区教培中心莫春林先生、戴伟先生等人。对于在中小学阶段，给予我教诲的庞元云老师、赵开元老师、荀德文老师、蒲朝楠老师、钱开元老师、周嘉陵老师、曾励侯老师等诸位恩师，在此我也要致以深深敬意，感谢各位对我的悉心教导与指引。

我还要感谢与我一路同行的郫都一中语文组同事、其他相关学科同事以及"成都市暨郫都区蒲儒刿名师工作室"的各位伙伴，是你们给我的专业成长以助力。

感谢郫都区嘉祥外国语学校洪涛校长给予我延伸教育职业生命的机会，我会用诚心、智慧与学校各位同仁一道一如既往做好一切工作。

当然，对执业教育几十年来，曾给予我指导和帮助的四川省教育科学研究院、成都市教育局、成都市教育科学研究院、郫都区教育局和郫都区教培中心、阆中市教育局刘大丰等有关领导以及我各工作学校的领导，我同样致以谢意!

在此特别感谢四川大学出版社的梁平主任和陈克坚老师。我于 2022 年 10 月底退休后又持续完成一届高三教学工作,书稿多有拖延,致歉致谢。

最后,要感谢几十年来陪伴我的爱人蒲俊华、女儿蒲南溪,是你们给予我切身的力量和贴心的关爱!还要感谢我已故父母、岳父母以及所有亲友,感谢你们给予我温情与信心!

我将续写诗思融合的职业生涯与日常生活。

蒲儒剕

2024 年 7 月 10 日于陋室